www.pinhok.com

Introduction

This Book

This vocabulary book contains more than 3000 words and phrases and is organized by topic to make it easier for you to pick what to learn first. On top of that, the second half of the book contains two index sections that can be used as basic dictionaries to look up words in either of the two languages. This book is well suited for learners of all levels who are looking for an extensive resource to improve their vocabulary or are interested in learning vocabularies in one particular area of interest.

How to use this book

Not sure where to start? We suggest you first work your way through the verbs, adjectives and phrases chapters in part one of the book. This will give you a great base for further studying and already enough vocabulary for basic communication. The dictionaries in part two and three can be used whenever needed to look up words you hear on the street, English words you want to know the translation for or simply to learn some new words.

Some final thoughts

Vocabulary books have been around for centuries and as with so many things that have been around for some time, they are not very fashionable and a bit boring, but they usually work very well. Together with the basic dictionary parts, this vocabulary book is a great resource to support you throughout the process of learning and comes in particularly handy at times when there is no internet to look up words and phrases.

Pinhok Languages

Pinhok Languages strives to create language learning products that support learners around the world in their mission of learning a new language. In doing so, we combine best practice from various fields and industries to come up with innovative products and material.

The Pinhok Team hopes this book can help you with your learning process and gets you to your goal faster. Should you be interested in finding out more about us, please go to our website www.pinhok.com. For feedback, error reports, criticism or simply a quick "hi", please also go to our website and use the contact form.

Disclaimer of Liability

THIS BOOK IS PROVIDED "AS IS", WITHOUT WARRANTY OF ANY KIND, EXPRESS OR IMPLIED, INCLUDING BUT NOT LIMITED TO THE WARRANTIES OF MERCHANTABILITY, FITNESS FOR A PARTICULAR PURPOSE AND NONINFRINGEMENT. IN NO EVENT SHALL THE AUTHORS OR COPYRIGHT HOLDERS BE LIABLE FOR ANY CLAIM, DAMAGES OR OTHER LIABILITY, WHETHER IN AN ACTION OF CONTRACT, TORT OR OTHERWISE, ARISING FROM, OUT OF OR IN CONNECTION WITH THE BOOK OR THE USE OR OTHER DEALINGS IN THE BOOK.

Copyright © 2022 Pinhok.com. All Rights Reserved

Table of Contents

Topics

Animals: 7
Sport: 12
Geography: 17
Numbers: 24
Body: 30
Adjective: 34
Verb: 40
House: 46
Food: 52
Life: 63
Transport: 71
Culture: 77
School: 82
Nature: 89
Clothes: 100
Chemist: 105
City: 107
Health: 113
Business: 119
Things: 127
Phrases: 131

Index

English - Swedish: 136
Swedish - English: 190

Animals

Mammals

dog	(U) hund (hundar)
cat	(U) katt (katter)
rabbit	(U) kanin (kaniner)
cow	(U) ko (kor)
sheep	(N) får (får)
pig	(U) gris (grisar)
horse	(U) häst (hästar)
monkey	(U) apa (apor)
bear	(U) björn (björnar)
lion	(N) lejon (lejon)
tiger	(U) tiger (tigrar)
panda	(U) panda (pandor)
giraffe	(U) giraff (giraffer)
camel	(U) kamel (kameler)
elephant	(U) elefant (elefanter)
wolf	(U) varg (vargar)
rat	(U) råtta (råttor)
mouse (animal)	(U) mus (möss)
zebra	(U) zebra (zebror)
hippo	(U) flodhäst (flodhästar)
polar bear	(U) isbjörn (isbjörnar)
rhino	(U) noshörning (noshörningar)
kangaroo	(U) känguru (kängurur)
leopard	(U) leopard (leoparder)
cheetah	(U) gepard (geparder)
donkey	(U) åsna (åsnor)
ant-eater	(U) myrslok (myrslokar)

buffalo	(U) buffel (bufflar)
deer	(N) rådjur (rådjur)
squirrel	(U) ekorre (ekorrar)
elk	(U) älg (älgar)
piglet	(U) griskulting (griskultingar)
bat	(U) fladdermus (fladdermöss)
fox	(U) räv (rävar)
hamster	(U) hamster (hamstrar)
guinea pig	(N) marsvin (marsvin)
koala	(U) koala (koalor)
lemur	(U) lemur (lemurer)
meerkat	(U) surikat (surikater)
raccoon	(U) tvättbjörn (tvättbjörnar)
tapir	(U) tapir (tapirer)
bison	(U) bisonoxe (bisonoxar)
goat	(U) get (getter)
llama	(U) lama (lamor)
red panda	(U) röd panda (röda pandor)
bull	(U) tjur (tjurar)
hedgehog	(U) igelkott (igelkottar)
otter	(U) utter (uttrar)

Birds

pigeon	(U) duva (duvor)
duck	(U) anka (ankor)
seagull	(U) fiskmås (fiskmåsar)
chicken (animal)	(U) kyckling (kycklingar)
cockerel	(U) ungtupp (ungtuppar)
goose	(U) gås (gäss)
owl	(U) uggla (ugglor)
swan	(U) svan (svanar)

penguin	(U) **pingvin** (pingviner)
crow	(U) **kråka** (kråkor)
turkey	(U) **kalkon** (kalkoner)
ostrich	(U) **struts** (strutsar)
stork	(U) **stork** (storkar)
chick	(U) **kyckling** (kycklingar)
eagle	(U) **örn** (örnar)
raven	(U) **korp** (korpar)
peacock	(U) **påfågel** (påfåglar)
pelican	(U) **pelikan** (pelikaner)
parrot	(U) **papegoja** (papegojor)
magpie	(U) **skata** (skator)
flamingo	(U) **flamingo** (flamingor)
falcon	(U) **falk** (falkar)

Insects

fly	(U) **fluga** (flugor)
butterfly	(U) **fjäril** (fjärilar)
bug	(U) **skalbagge** (skalbaggar)
bee	(N) **bi** (bin)
mosquito	(U) **mygga** (myggor)
ant	(U) **myra** (myror)
dragonfly	(U) **trollslända** (trollsländor)
grasshopper	(U) **gräshoppa** (gräshoppor)
caterpillar	(U) **fjärilslarv** (fjärilslarver)
wasp	(U) **geting** (getingar)
moth	(U) **mal** (malar)
bumblebee	(U) **humla** (humlor)
termite	(U) **termit** (termiter)
cricket	(U) **syrsa** (syrsor)
ladybird	(U) **nyckelpiga** (nyckelpigor)

praying mantis	(U) bönsyrsa (bönsyrsor)

Marine Animals

fish (animal)	(U) fisk (fiskar)
whale	(U) val (valar)
shark	(U) haj (hajar)
dolphin	(U) delfin (delfiner)
seal	(U) säl (sälar)
jellyfish	(U) manet (maneter)
squid	(U) tioarmad bläckfisk (tioarmade bläckfiskar)
octopus	(U) åttaarmad bläckfisk (åttaarmade bläckfiskar)
turtle	(U) havssköldpadda (havssköldpaddor)
sea horse	(U) sjöhäst (sjöhästar)
sea lion	(N) sjölejon (sjölejon)
walrus	(U) valross (valrossar)
shell	(N) snäckskal (snäckskal)
starfish	(U) sjöstjärna (sjöstjärnor)
killer whale	(U) späckhuggare (späckhuggare)
crab	(U) krabba (krabbor)
lobster	(U) hummer (humrar)

Reptiles & More

snail	(U) snigel (sniglar)
spider	(U) spindel (spindlar)
frog	(U) groda (grodor)
snake	(U) orm (ormar)
crocodile	(U) krokodil (krokodiler)
tortoise	(U) sköldpadda (sköldpaddor)
scorpion	(U) skorpion (skorpioner)
lizard	(U) ödla (ödlor)

chameleon	(U) **kameleont** (kameleonter)
tarantula	(U) **fågelspindel** (fågelspindlar)
gecko	(U) **geckoödla** (geckoödlor)
dinosaur	(U) **dinosaurie** (dinosaurier)

Sport

Summer

tennis	tennis
badminton	badminton
boxing	boxning
golf	golf
running	löpning
cycling	cykling
gymnastics	gymnastik
table tennis	bordtennis
weightlifting	tyngdlyftning
long jump	längdhopp
triple jump	tresteg
modern pentathlon	modern femkamp
rhythmic gymnastics	rytmisk gymnastik
hurdles	häcklöpning
marathon	maraton
pole vault	stavhopp
high jump	höjdhopp
shot put	kulstötning
javelin throw	spjutkastning
discus throw	diskuskastning
karate	karate
triathlon	triathlon
taekwondo	taekwondo
sprint	kortdistanslöpning
show jumping	banhoppning
shooting	skytte
wrestling	brottning
mountain biking	mountain biking
judo	judo

hammer throw	släggkastning
fencing	fäktning
archery	bågskytte
track cycling	bancykling

Winter

skiing	skidåkning
snowboarding	snowboardåkning
ice skating	skridskoåkning
ice hockey	ishockey
figure skating	konståkning
curling	curling
Nordic combined	nordisk kombination
biathlon	skidskytte
luge	rodel
bobsleigh	bob
short track	short track
skeleton	skeleton
ski jumping	backhoppning
cross-country skiing	längdskidåkning
ice climbing	isklättring
freestyle skiing	freestyle-skidåkning
speed skating	skridskolöpning

Team

football	fotboll
basketball	basket
volleyball	volleyboll
cricket	cricket
baseball	baseboll
rugby	rugby
handball	handboll

polo	polo
lacrosse	lacrosse
field hockey	landhockey
beach volleyball	beachvolleyboll
Australian football	Australisk fotboll
American football	Amerikansk fotboll

Water

swimming	simning
water polo	vattenpolo
diving (into the water)	simhopp
surfing	surfing
rowing	rodd
synchronized swimming	konstsim
diving (under the water)	dykning
windsurfing	vindsurfing
sailing	segling
waterskiing	vattenskidåkning
rafting	forsränning
cliff diving	klippdykning
canoeing	kanotsport

Motor

car racing	bilracing
rally racing	rally
motorcycle racing	motorcykelracing
motocross	motocross
Formula 1	Formel 1
kart	karting
jet ski	vattenskoter

Other

hiking	vandring
mountaineering	bergsklättring
snooker	snooker
parachuting	fallskärmshoppning
poker	poker
dancing	dans
bowling	bowling
skateboarding	skateboard
chess	schack
bodybuilding	bodybuilding
yoga	yoga
ballet	balett
bungee jumping	bungyjump
climbing	klättring
roller skating	rullskridskoåkning
breakdance	breakdance
billiards	biljard

Gym

warm-up	uppvärmning (uppvärmningar)
stretching	stretching (stretching)
sit-ups	situp (situps)
push-up	armhävning (armhävningar)
squat	knäböj (knäböjningar)
treadmill	löpband (löpband)
bench press	bänkpress (bänkpressar)
exercise bike	motionscykel (motionscyklar)
cross trainer	crosstrainer (crosstrainer)
circuit training	cirkelträning (cirkelträningar)
Pilates	pilates (pilates)

leg press	benpress (benpressar)
aerobics	aerobics (aerobics)
dumbbell	hantel (hantlar)
barbell	skivstång (skivstänger)
sauna	bastu (bastuar)

Geography

Europe

United Kingdom	Storbritannien
Spain	Spanien
Italy	Italien
France	Frankrike
Germany	Tyskland
Switzerland	Schweiz
Albania	Albanien
Andorra	Andorra
Austria	Österrike
Belgium	Belgien
Bosnia	Bosnien
Bulgaria	Bulgarien
Denmark	Danmark
Estonia	Estland
Faroe Islands	Färöarna
Finland	Finland
Gibraltar	Gibraltar
Greece	Grekland
Ireland	Irland
Iceland	Island
Kosovo	Kosovo
Croatia	Kroatien
Latvia	Lettland
Liechtenstein	Liechtenstein
Lithuania	Litauen
Luxembourg	Luxemburg
Malta	Malta
Macedonia	Makedonien
Moldova	Moldavien

Monaco	Monaco
Montenegro	Montenegro
Netherlands	Nederländerna
Norway	Norge
Poland	Polen
Portugal	Portugal
Romania	Rumänien
San Marino	San Marino
Sweden	Sverige
Serbia	Serbien
Slovakia	Slovakien
Slovenia	Slovenien
Czech Republic	Tjeckien
Turkey	Turkiet
Ukraine	Ukraina
Hungary	Ungern
Vatican City	Vatikanstaten
Belarus	Vitryssland
Cyprus	Cypern

Asia

China	Kina
Russia	Ryssland
India	Indien
Singapore	Singapore
Japan	Japan
South Korea	Sydkorea
Afghanistan	Afghanistan
Armenia	Armenien
Azerbaijan	Azerbajdzjan
Bahrain	Bahrain
Bangladesh	Bangladesh

Bhutan	Bhutan
Brunei	Brunei
Georgia	Georgien
Hong Kong	Hong Kong
Indonesia	Indonesien
Iraq	Irak
Iran	Iran
Israel	Israel
Yemen	Jemen
Jordan	Jordanien
Cambodia	Kambodja
Kazakhstan	Kazakstan
Qatar	Qatar
Kyrgyzstan	Kirgizistan
Kuwait	Kuwait
Laos	Laos
Lebanon	Libanon
Macao	Macao
Malaysia	Malaysia
Maldives	Maldiverna
Mongolia	Mongoliet
Burma	Burma
Nepal	Nepal
North Korea	Nordkorea
Oman	Oman
East Timor	Östtimor
Pakistan	Pakistan
Palestine	Palestina
Philippines	Filippinerna
Saudi Arabia	Saudiarabien
Sri Lanka	Sri Lanka
Syria	Syrien
Tajikistan	Tadzjikistan

Taiwan	Taiwan
Thailand	Thailand
Turkmenistan	Turkmenistan
Uzbekistan	Uzbekistan
United Arab Emirates	Förenade arabemiraten
Vietnam	Vietnam

America

The United States of America	Amerikas förenta stater
Mexico	Mexiko
Canada	Kanada
Brazil	Brasilien
Argentina	Argentina
Chile	Chile
Antigua and Barbuda	Antigua och Barbuda
Aruba	Aruba
The Bahamas	Bahamas
Barbados	Barbados
Belize	Belize
Bolivia	Bolivia
Cayman Islands	Caymanöarna
Costa Rica	Costa Rica
Dominica	Dominica
Dominican Republic	Dominikanska republiken
Ecuador	Ecuador
El Salvador	El Salvador
Falkland Islands	Falklandsöarna
Grenada	Grenada
Greenland	Grönland
Guatemala	Guatemala
Guyana	Guyana
Haiti	Haiti

Honduras	Honduras
Jamaica	Jamaica
Colombia	Colombia
Cuba	Kuba
Montserrat	Montserrat
Nicaragua	Nicaragua
Panama	Panama
Paraguay	Paraguay
Peru	Peru
Puerto Rico	Puerto Rico
Saint Kitts and Nevis	Saint Kitts och Nevis
Saint Lucia	Saint Lucia
Saint Vincent and the Grenadines	Saint Vincent och Grenadinerna
Suriname	Surinam
Trinidad and Tobago	Trinidad och Tobago
Uruguay	Uruguay
Venezuela	Venezuela

Africa

South Africa	Sydafrika
Nigeria	Nigeria
Morocco	Marocko
Libya	Libyen
Kenya	Kenya
Algeria	Algeriet
Egypt	Egypten
Ethiopia	Etiopien
Angola	Angola
Benin	Benin
Botswana	Botswana
Burkina Faso	Burkina Faso
Burundi	Burundi

Democratic Republic of the Congo	Kongo-Kinshasa
Djibouti	Djibouti
Equatorial Guinea	Ekvatorialguinea
Ivory Coast	Elfenbenskusten
Eritrea	Eritrea
Gabon	Gabon
The Gambia	Gambia
Ghana	Ghana
Guinea	Guinea
Guinea-Bissau	Guinea-Bissau
Cameroon	Kamerun
Cape Verde	Kap Verde
Comoros	Komorerna
Lesotho	Lesotho
Liberia	Liberia
Madagascar	Madagaskar
Malawi	Malawi
Mali	Mali
Mauritania	Mauretanien
Mauritius	Mauritius
Mozambique	Moçambique
Namibia	Namibia
Niger	Niger
Republic of the Congo	Republiken Kongo
Rwanda	Rwanda
Zambia	Zambia
São Tomé and Príncipe	São Tomé och Príncipe
Senegal	Senegal
Seychelles	Seychellerna
Sierra Leone	Sierra Leone
Zimbabwe	Zimbabwe
Somalia	Somalia

Sudan	Sudan
South Sudan	Sydsudan
Swaziland	Swaziland
Tanzania	Tanzania
Togo	Togo
Chad	Tchad
Tunisia	Tunisien
Uganda	Uganda
Central African Republic	Centralafrikanska republiken

Oceania

Australia	Australien
New Zealand	Nya Zeeland
Fiji	Fiji
American Samoa	Amerikanska Samoa
Cook Islands	Cooköarna
French Polynesia	Franska Polynesien
Kiribati	Kiribati
Marshall Islands	Marshallöarna
Micronesia	Mikronesien
Nauru	Nauru
New Caledonia	Nya Kaledonien
Niue	Niue
Palau	Palau
Papua New Guinea	Papua Nya Guinea
Solomon Islands	Salomonöarna
Samoa	Samoa
Tonga	Tonga
Tuvalu	Tuvalu
Vanuatu	Vanuatu

Numbers

0-20

0	noll
1	ett/en
2	två
3	tre
4	fyra
5	fem
6	sex
7	sju
8	åtta
9	nio
10	tio
11	elva
12	tolv
13	tretton
14	fjorton
15	femton
16	sexton
17	sjutton
18	arton
19	nitton
20	tjugo

21-100

21	tjugoett/tjugoen
22	tjugotvå
26	tjugosex
30	trettio
31	trettioett/trettioen
33	trettiotre

37	trettiosju
40	fyrtio
41	fyrtioett/fyrtioen
44	fyrtiofyra
48	fyrtioåtta
50	femtio
51	femtioett/femtioen
55	femtiofem
59	femtionio
60	sextio
61	sextioett/sextioen
62	sextiotvå
66	sextiosex
70	sjuttio
71	sjuttioett/sjuttioen
73	sjuttiotre
77	sjuttiosju
80	åttio
81	åttioett/åttioen
84	åttiofyra
88	åttioåtta
90	nittio
91	nittioett/nittioen
95	nittiofem
99	nittionio
100	etthundra

101-1000

101	etthundraett/etthundraen
105	etthundrafem
110	etthundratio
151	etthundrafemtioett/etthundrafemtioen

200	tvåhundra
202	tvåhundratvå
206	tvåhundrasex
220	tvåhundratjugo
262	tvåhundrasextiotvå
300	trehundra
303	trehundratre
307	trehundrasju
330	trehundratrettio
373	trehundrasjuttiotre
400	fyrahundra
404	fyrahundrafyra
408	fyrahundraåtta
440	fyrahundrafyrtio
484	fyrahundraåttiofyra
500	femhundra
505	femhundrafem
509	femhundranio
550	femhundrafemtio
595	femhundranittiofem
600	sexhundra
601	sexhundraett/sexhundraen
606	sexhundrasex
616	sexhundrasexton
660	sexhundrasextio
700	sjuhundra
702	sjuhundratvå
707	sjuhundrasju
727	sjuhundratjugosju
770	sjuhundrasjuttio
800	åttahundra
803	åttahundratre
808	åttahundraåtta

838	åttahundratrettioåtta
880	åttahundraåttio
900	niohundra
904	niohundrafyra
909	niohundranio
949	niohundrafyrtionio
990	niohundranittio
1000	ettusen

1001-10000

1001	ettusenett/ettusenen
1012	ettusentolv
1234	ettusentvåhundratrettiofyra
2000	tvåtusen
2002	tvåtusentvå
2023	tvåtusenttjugotre
2345	tvåtusentrehundrafyrtiofem
3000	tretusen
3003	tretusentre
3034	tretusentrettiofyra
3456	tretusenfyrahundrafemtiosex
4000	fyratusen
4004	fyratusenfyra
4045	fyratusenfyrtiofem
4567	fyratusenfemhundrasextiosju
5000	femtusen
5005	femtusenfem
5056	femtusenfemtiosex
5678	femtusensexhundrasjuttioåtta
6000	sextusen
6006	sextusensex
6067	sextusensextiosju

6789	sextusensjuhundraåttionio
7000	sjutusen
7007	sjutusensju
7078	sjutusensjuttioåtta
7890	sjutusenåttahundranittio
8000	åttatusen
8008	åttatusenåtta
8089	åttatusenåttionio
8901	åttatusenniohundraett/åttatusenniohundraen
9000	niotusen
9009	niotusennio
9012	niotusentolv
9090	niotusennittio
10.000	tiotusen

> 10000

10.001	tiotusenett/tiotusenen
20.020	tjugotusentjugo
30.300	trettiotusentrehundra
44.000	fyrtiofyratusen
100.000	etthundratusen
500.000	femhundratusen
1.000.000	en miljon
6.000.000	sex miljoner
10.000.000	tio miljoner
70.000.000	sjuttio miljoner
100.000.000	etthundra miljoner
800.000.000	åttahundra miljoner
1.000.000.000	en miljard
9.000.000.000	nio miljarder
10.000.000.000	tio miljarder
20.000.000.000	tjugo miljarder

100.000.000.000	etthundra miljarder
300.000.000.000	trehundra miljarder
1.000.000.000.000	en biljon

Body

Head

nose	(U) näsa (näsor)
eye	(N) öga (ögon)
ear	(N) öra (öron)
mouth	(U) mun (munnar)
tooth	(U) tand (tänder)
lip	(U) läpp (läppar)
hair	(N) hårstrå (hår)
beard	(N) skägg (skägg)
forehead	(U) panna (pannor)
eyebrow	(N) ögonbryn (ögonbryn)
eyelashes	(U) ögonfrans (ögonfransar)
pupil	(U) pupill (pupiller)
cheek	(U) kind (kinder)
chin	(U) haka (hakor)
dimple	(U) skrattgrop (skrattgropar)
wrinkle	(U) rynka (rynkor)
freckles	(U) fräkne (fräknar)
tongue	(U) tunga (tungor)
nostril	(U) näsborre (näsborrar)
temple	(U) tinning (tinningar)

Body Parts

head	(N) huvud (huvud)
arm	(U) arm (armar)
hand	(U) hand (händer)
leg	(N) ben (ben)
knee	(N) knä (knän)

foot	(U) **fot** (fötter)
belly	(U) **mage** (magar)
belly button	(U) **navel** (navlar)
bosom	(U) **barm** (barmar)
chest	(N) **bröst** (bröst)
elbow	(U) **armbåge** (armbågar)
nipple	(U) **bröstvårta** (bröstvårtor)
shoulder	(U) **axel** (axlar)
neck	(U) **hals** (halsar)
bottom	(U) **rumpa** (rumpor)
nape	(U) **nacke** (nackar)
back (part of body)	(U) **rygg** (ryggar)
waist	(U) **midja** (midjor)

Hand & Foot

finger	(N) **finger** (fingrar)
thumb	(U) **tumme** (tummar)
fingernail	(U) **nagel** (naglar)
toe	(U) **tå** (tår)
heel	(U) **häl** (hälar)
palm	(U) **handflata** (handflator)
wrist	(U) **handled** (handleder)
fist	(U) **knytnäve** (knytnävar)
Achilles tendon	(U) **hälsena** (hälsenor)
index finger	(N) **pekfinger** (pekfingrar)
middle finger	(N) **långfinger** (långfingrar)
ring finger	(N) **ringfinger** (ringfingrar)
little finger	(N) **lillfinger** (lillfingrar)

Bones & More

bone (part of body)	(N) ben (ben)
muscle	(U) muskel (muskler)
tendon	(U) sena (senor)
vertebra	(U) kota (kotor)
pelvis	(N) bäcken (bäcken)
breastbone	(N) bröstben (bröstben)
rib	(N) revben (revben)
collarbone	(N) nyckelben (nyckelben)
skeleton	(N) skelett (skelett)
skull	(U) skalle (skallar)
shoulder blade	(N) skulderblad (skulderblad)
kneecap	(U) knäskål (knäskålar)
cartilage	(N) brosk (brosk)
jawbone	(N) käkben (käkben)
nasal bone	(N) näsben (näsben)
spine	(U) ryggrad (ryggrader)
ankle	(U) vrist (vrister)
bone marrow	(U) benmärg (benmärg)

Organs

heart	(N) hjärta (hjärtan)
lung	(U) lunga (lungor)
liver	(U) lever (levrar)
kidney	(U) njure (njurar)
vein	(U) ven (vener)
artery	(U) artär (artärer)
stomach	(U) magsäck (magsäckar)
intestine	(U) tarm (tarmar)
bladder	(U) urinblåsa (urinblåsor)

brain	(U) hjärna (hjärnor)
anus	(N) anus (anus)
appendix	(U) blindtarm (blindtarmar)
spleen	(U) mjälte (mjältar)
oesophagus	(U) matstrupe (matstrupar)
nerve	(U) nerv (nerver)
spinal cord	(U) ryggmärg (ryggmärgar)
pancreas	(U) bukspottkörtel (bukspottkörtlar)
gall bladder	(U) gallblåsa (gallblåsor)
colon	(U) tjocktarm (tjocktarmar)
small intestine	(U) tunntarm (tunntarmar)
windpipe	(N) luftrör (luftrör)
diaphragm	(U) diafragma (diafragmor)
duodenum	(U) tolvfingertarm (tolvfingertarmar)

Reproduction

testicle	(U) testikel (testiklar)
penis	(U) penis (penisar)
prostate	(U) prostata (prostator)
ovary	(U) äggstock (äggstockar)
oviduct	(U) äggledare (äggledare)
uterus	(U) livmoder (livmodrar)
ovum	(U) äggcell (äggceller)
sperm	(U) sperma (sperma)
scrotum	(U) pung (pungar)
clitoris	(U) klitoris (klitoris)
vagina	(U) vagina (vaginor)

Adjective

Colours

white	vit (vitt, vita)
black	svart (svart, svarta)
grey	grå (grått, gråa)
green	grön (grönt, gröna)
blue	blå (blått, blåa)
red	röd (rött, röda)
pink	rosa (rosa, rosa)
orange (colour)	orange (orangt, oranga)
purple	lila (lila, lila)
yellow	gul (gult, gula)
brown	brun (brunt, bruna)
beige	beige (beigt, beiga)

Basics

heavy	tung (tungt, tunga)
light (weight)	lätt (lätt, lätta)
correct	rätt (rätt, rätta)
difficult	svår (svårt, svåra)
easy	enkel (enkelt, enkla)
wrong	fel (fel, fel)
many	många
few	få
new	ny (nytt, nya)
old (not new)	gammal (gammalt, gamla)
slow	långsam (långsamt, långsamma)
quick	snabb (snabbt, snabba)
poor	fattig (fattigt, fattiga)

rich	rik (rikt, rika)
funny	rolig (roligt, roliga)
boring	tråkig (tråkigt, tråkiga)
fair	rättvis (rättvist, rättvisa)
unfair	orättvis (orättvist, orättvisa)

Feelings

good	god (gott, goda)
bad	ond (ont, onda)
weak	svag (svagt, svaga)
happy	glad (glatt, glada)
sad	ledsen (ledset, ledsna)
strong	stark (starkt, starka)
angry	arg (argt, arga)
healthy	frisk (friskt, friska)
sick	sjuk (sjukt, sjuka)
hungry	hungrig (hungrigt, hungriga)
thirsty	törstig (törstigt, törstiga)
full (from eating)	mätt (mätt, mätta)
proud	stolt (stolt, stolta)
lonely	ensam (ensamt, ensamma)
tired	trött (trött, trötta)
safe (adjective)	säker (säkert, säkra)

Space

short (length)	kort (kort, korta)
long	lång (långt, långa)
round	rund (runt, runda)
small	liten (litet, lilla)
big	stor (stort, stora)

square (adjective)	kantig (kantigt, kantiga)
twisting	vridande
straight (line)	rak
high	hög (högt, höga)
low	låg (lågt, låga)
steep	brant (brant, branta)
flat	platt (platt, platta)
shallow	grund (grunt, grunda)
deep	djup (djupt, djupa)
broad	bred (brett, breda)
narrow	smal (smalt, smala)
huge	enorm (enormt, enorma)

Place

right	höger
left	vänster
above	ovan
back (position)	bak
front	fram
below	under
here	här
there	där
close	nära
far	långt borta
inside	inuti
outside	utanför
beside	bredvid
north	nord
east	öst
south	syd
west	väst

Things

cheap	billig (billigt, billiga)
expensive	dyr (dyrt, dyra)
full (not empty)	full (fullt, fulla)
hard	hård (hårt, hårda)
soft	mjuk (mjukt, mjuka)
empty	tom (tomt, tomma)
light (colour)	ljus (ljust, ljusa)
dark	mörk (mörkt, mörka)
clean	ren (rent, rena)
dirty	smutsig (smutsigt, smutsiga)
boiled	kokt (kokt, kokta)
raw	rå (rått, råa)
strange	konstig (konstigt, konstiga)
sour	sur (surt, sura)
sweet	söt (sött, söta)
salty	salt (salt, salta)
hot (spicy)	stark (starkt, starka)
juicy	saftig (saftigt, saftiga)

People

short (height)	kort (kort, korta)
tall	lång (långt, långa)
slim	smal (smalt, smala)
young	ung (ungt, unga)
old (not young)	gammal (gammalt, gamla)
plump	fyllig (fylligt, fylliga)
skinny	mager (magert, magra)
chubby	knubbig (knubbigt, knubbiga)
cute	söt (sött, söta)

clever	smart (smart, smarta)
evil	ond (ont, onda)
well-behaved	skötsam (skötsamt, skötsamma)
cool	häftig (häftigt, häftiga)
worried	orolig (oroligt, oroliga)
surprised	överraskad (överraskat, överraskade)
sober	nykter (nyktert, nyktra)
drunk	full (fullt, fulla)
blind	blind (blint, blinda)
mute	stum (stumt, stumma)
deaf	döv (dövt, döva)
guilty	skyldig (skyldigt, skyldiga)
friendly	vänlig (vänligt, vänliga)
busy	upptagen (upptaget, upptagna)
bloody	blodig (blodigt, blodiga)
pale	blek (blekt, bleka)
strict	strikt (strikt, strikta)
holy	helig (heligt, heliga)
beautiful	vacker (vackert, vackra)
silly	fånig (fånigt, fåniga)
crazy	galen (galet, galna)
ugly	ful (fult, fula)
handsome	stilig (stiligt, stiliga)
greedy	girig (girigt, giriga)
generous	generös (generöst, generösa)
brave	modig (modigt, modiga)
shy	blyg (blygt, blyga)
lazy	lat (lat, lata)
sexy	sexig (sexigt, sexiga)
stupid	dum (dumt, dumma)

Outside

cold (adjective)	kall (kallt, kalla)
hot (temperature)	het (hett, heta)
warm	varm (varmt, varma)
silent	tyst (tyst, tysta)
quiet	stilla (stilla, stilla)
loud	högt (högt, höga)
wet	blöt (blött, blöta)
dry	torr (torrt, torra)
windy	blåsigt (blåsigt, blåsiga)
cloudy	molnig (molnigt, molniga)
foggy	dimmig (dimmigt, dimmiga)
rainy	regnig (regnigt, regniga)
sunny	solig (soligt, soliga)

Verb

Basics

to open (e.g. a door)	att **öppna** (öppnar - öppnade - öppnat)
to close	att **stänga** (stänger - stängde - stängt)
to sit	att **sitta** (sitter - satt - suttit)
to turn on	att **sätta på** (sätter på - satt på - satt på)
to turn off	att **stänga av** (stänger av - stängde av - stängt av)
to stand	att **stå** (står - stod - stått)
to lie	att **ligga** (ligger - låg - legat)
to come	att **komma** (kommer - kom - kommit)
to think	att **tänka** (tänker - tänkte - tänkt)
to know	att **veta** (vet - visste - vetat)
to fail	att **misslyckas** (misslyckas - misslyckades - misslyckats)
to win	att **vinna** (vinner - vann - vunnit)
to lose	att **förlora** (förlora - förlorade - förlorat)
to live	att **leva** (lever - levde - levat)
to die	att **dö** (dör - dog - dött)

Action

to take	att **ta** (tar - tog - tagit)
to put	att **lägga** (lägger - lade - lagt)
to find	att **hitta** (hittar - hittade - hittat)
to smoke	att **röka** (röker - rökte - rökt)
to steal	att **stjäla** (stjäl - stal - stulit)
to kill	att **döda** (dödar - dödade - dödat)
to fly	att **flyga** (flyger - flög - flugit)
to carry	all **bära** (bär - bar - burit)
to rescue	att **rädda** (räddar - räddade - räddat)
to burn	att **brinna** (brinner - brann - brunnit)

to injure	att skada (skadar - skadade - skadat)
to attack	att attackera (attackerar - attackerade - attackerat)
to defend	att försvara (försvarar - försvarade - försvarat)
to fall	att falla (faller - föll - fallit)
to vote	att rösta (röstar - röstade - röstat)
to choose	att välja (väljer - valde - valt)
to gamble	att spela (spelar - spelade - spelat)
to shoot	att skjuta (skjuter - sköt - skjutit)
to saw	att såga (sågar - sågade - sågat)
to drill	att borra (borrar - borrade - borrat)
to hammer	att hamra (hamrar - hamrade - hamrat)

Body

to eat	att äta (äter - åt - ätit)
to drink	att dricka (dricker - drack - druckit)
to talk	att prata (pratar - pratade - pratat)
to laugh	att skratta (skrattar - skrattade - skrattat)
to cry	att gråta (gråter - grät - gråtit)
to sing	att sjunga (sjunger - sjöng - sjungit)
to walk	att gå (går - gick - gått)
to watch	att titta (tittar - tittade - tittat)
to work	att arbeta (arbetar - arbetade - arbetat)
to breathe	att andas (andas - andades - andats)
to smell	att lukta (luktar - luktade - luktat)
to listen	att lyssna (lyssnar - lyssnade - lyssnat)
to lose weight	att gå ned i vikt (går ned i vikt - gick ned i vikt - gått ned i vikt)
to gain weight	att gå upp i vikt (går upp i vikt - gick upp i vikt - gått upp i vikt)
to shrink	att krympa (krymper - krympte - krympt)
to grow	att växa (växer - växte - vuxit)

to smile	att le (ler - log - lett)
to whisper	att viska (viskar - viskade - viskat)
to touch	att röra (rör - rörde - rört)
to shiver	att rysa (ryser - rös - ryst)
to bite	att bita (biter - bet - bitit)
to swallow	att svälja (sväljer - svalde - svalt)
to faint	att svimma (svimmar - svimmade - svimmat)
to stare	att stirra (stirrar - stirrade - stirrat)
to kick	att sparka (sparka - sparkade - sparkat)
to shout	att skrika (skriker - skrek - skrikit)
to spit	att spotta (spottar - spottade - spottat)
to vomit	att kräkas (kräks - kräktes - kräkts)

Interaction

to ask	att fråga (frågar - frågade - frågat)
to answer	att svara (svarad - svarade - svarat)
to help	att hjälpa (hjälper - hjälpte - hjälpt)
to like	att tycka om (tycker om - tyckte om - tyckt om)
to love	att älska (älskard - älskade - älskat)
to give (somebody something)	att ge (ger - gav - givit)
to marry	att gifta sig (gifter sig - gifte sig - gift sig)
to meet	att träffa (träffar - träffade - träffat)
to kiss	att kyssa (kysser - kysste - kysst)
to argue	att bråka (bråkar - bråkade - bråkat)
to share	att dela (delar - delade - delat)
to warn	att varna (varnar - varnade - varnat)
to follow	att följa (följer - följde - följt)
to hide	att gömma (gömmer - gömde - gömt)
to bet	att tippa (tippar - tippade - tippat)
to feed	att mata (matar - matade - matat)

to threaten	att hota (hotar - hotade - hotat)
to give a massage	att ge en massage (ger en massage - gav en massage - givit en massage)

Movements

to run	att springa (springer - sprang - sprungit)
to swim	att simma (simmar - simmade - simmat)
to jump	att hoppa (hoppar - hoppade - hoppat)
to lift	att lyfta (lyfter - lyfte - lyft)
to pull (... open)	att dra (drar - drog - dragit)
to push (... open)	att trycka (trycker - tryckte - tryckt)
to press (a button)	att trycka på (trycker på - tryckte på - tryckt på)
to throw	att kasta (kastar - kastade - kastat)
to crawl	att krypa (kryper - kröp - krupit)
to fight	att slåss (slår - slogs - slagits)
to catch	att fånga (fångar - fångade - fångat)
to hit	att slå (slår - slog - slagit)
to climb	att klättra (klättrar - klättrade - klättrat)
to roll	att rulla (rullar - rullade - rullat)
to dig	att gräva (gräver - grävde - grävt)

Business

to buy	att köpa (köper - köpte - köpt)
to pay	att betala (betalar - betalade - betalat)
to sell	att sälja (säljer - sålde - sålt)
to study	att studera (studerar - studerade - studerat)
to practice	att öva (övar - övade - övat)
to call	att ringa (ringer - ringde - ringt)
to read	att läsa (läser - läste - läst)
to write	att skriva (skriver - skrev - skrivit)
to calculate	att räkna ut (räknar ut - räknade ut - räknat ut)

to measure	att **mäta** (mäter - mätte - mätt)
to earn	att **tjäna** (tjänar - tjänade - tjänat)
to look for	att **leta efter** (letar efter - letade efter - letat efter)
to cut	att **skära** (skär - skar - skurit)
to count	att **räkna** (räknar - räknade - räknat)
to scan	att **skanna** (skannar - skannade - skannat)
to print	att **skriva ut** (skriver ut - skrev ut - skrivit ut)
to copy	att **kopiera** (kopierar - kopierade - kopierat)
to fix	att **laga** (lagar - lagade - lagat)
to quote	att **citera** (citerar - citerade - citerat)
to deliver	att **leverera** (levererar - levererade - levererat)

Home

to sleep	att **sova** (sover - sov - sovit)
to dream	att **drömma** (drömmer - drömde - drömt)
to wait	att **vänta** (väntar - väntade - väntat)
to clean	att **städa** (städar - städade - städat)
to wash	att **tvätta** (tvättar - tvättade - tvättat)
to cook	att **tillaga** (tillagar - tillagade - tillagat)
to play	att **spela** (spelar - spelade - spelat)
to travel	att **resa** (reser - reste - rest)
to enjoy	att **njuta av** (njuter av - njöt av - njutit av)
to bake	att **baka** (bakar - bakade - bakat)
to fry	att **steka** (steker - stekte - stekt)
to boil	att **koka** (kokar - kokade - kokat)
to pray	att **be** (ber - bad - bett)
to rest	att **vila** (vilar - vilade - vilat)
to lock	att **låsa** (låser - låste - låst)
to open (unlock)	att **öppna** (öppnar - öppnade - öppnat)
to celebrate	att **fira** (firar - firade - firat)
to dry	att **torka** (torkar - torkade - torkat)

to fish	**att fiska** (fiskar - fiskade - fiskat)
to take a shower	**att ta en dusch** (tar en dusch - tog en dusch - tagit en dusch)
to iron	**att stryka** (stryker - strök - strykt)
to vacuum	**att dammsuga** (dammsuger - dammsög - dammsugit)
to paint	**att måla** (målar - målade - målat)

House

Parts

door	(U) dörr (dörrar)
window (building)	(N) fönster (fönster)
wall	(U) vägg (väggar)
roof	(N) tak (tak)
elevator	(U) hiss (hissar)
stairs	(U) trappa (trappor)
toilet (at home)	(U) toalett (toaletter)
attic	(U) vind (vindar)
basement	(U) källare (källare)
solar panel	(U) solpanel (solpaneler)
chimney	(U) skorsten (skorstenar)
fifth floor	(U) femte våningen (femte våningar)
first floor	(U) första våningen (första våningar)
ground floor	(U) bottenvåning (bottenvåningar)
first basement floor	(U) första källarvåningen (första källarvåningar)
second basement floor	(U) andra källarvåningen (andra källarvåningar)
living room	(N) vardagsrum (vardagsrum)
bedroom	(N) sovrum (sovrum)
kitchen	(N) kök (kök)
corridor	(U) korridor (korridorer)
front door	(U) ytterdörr (ytterdörrar)
bathroom	(N) badrum (badrum)
workroom	(N) arbetsrum (arbetsrum)
nursery	(U) barnkammare (barnkammare)
floor	(N) golv (golv)
ceiling	(N) tak (tak)
garage door	(U) garagedörr (garagedörrar)

garage	(N) garage (garage)
garden	(U) trädgård (trädgårdar)
balcony	(U) balkong (balkonger)
terrace	(U) terrass (terrasser)

Devices

TV set	(U) TV-apparat (TV-apparater)
remote control	(U) fjärrkontroll (fjärrkontroller)
security camera	(U) övervakningskamera (övervakningskameror)
rice cooker	(U) riskokare (riskokare)
router	(U) router (routrar)
heating	(U) uppvärmning (uppvärmningar)
washing machine	(U) tvättmaskin (tvättmaskiner)
fridge	(N) kylskåp (kylskåp)
freezer	(U) frys (frysar)
microwave	(U) mikrovågsugn (mikrovågsugnar)
oven	(U) ugn (ugnar)
cooker	(U) spis (spisar)
cooker hood	(U) spisfläkt (spisfläktar)
dishwasher	(U) diskmaskin (diskmaskiner)
kettle	(U) vattenkokare (vattenkokare)
mixer	(U) mixer (mixrar)
electric iron	(N) strykjärn (strykjärn)
toaster	(U) brödrost (brödrostar)
hairdryer	(U) hårtork (hårtorkar)
ironing table	(U) strykbräda (strykbrädor)
vacuum cleaner	(U) dammsugare (dammsugare)
coffee machine	(U) kaffemaskin (kaffemaskiner)
air conditioner	(U) luftkonditionering (luftkonditioneringar)
satellite dish	(U) parabolantenn (parabolantenner)
fan	(U) fläkt (fläktar)

radiator	(N) värmeelement (värmeelement)
sewing machine	(U) symaskin (symaskiner)

Kitchen

spoon	(U) sked (skedar)
fork	(U) gaffel (gafflar)
knife	(U) kniv (knivar)
plate	(U) tallrik (tallrikar)
bowl	(U) skål (skålar)
glass	(N) glas (glas)
cup (for cold drinks)	(U) mugg (muggar)
garbage bin	(U) papperskorg (papperskorgar)
chopstick	(U) ätpinne (ätpinnar)
light bulb	(U) glödlampa (glödlampor)
pan	(U) stekpanna (stekpannor)
pot	(U) kastrull (kastruller)
ladle	(U) soppslev (soppslevar)
cup (for hot drinks)	(U) kopp (koppar)
teapot	(U) tekanna (tekannor)
grater	(N) rivjärn (rivjärn)
cutlery	(N) bestick (bestick)
tap	(U) vattenkran (vattenkranar)
sink	(U) diskho (diskhoar)
wooden spoon	(U) träslev (träslevar)
chopping board	(U) skärbräda (skärbrädor)
sponge	(U) kökssvamp (kökssvampar)
corkscrew	(U) korkskruv (korkskruvar)

Bedroom

bed	(U) säng (sängar)

alarm clock	(U) väckarklocka (väckarklockor)
curtain	(U) gardin (gardiner)
bedside lamp	(U) sänglampa (sänglampor)
wardrobe	(U) garderob (garderober)
drawer	(U) låda (lådor)
bunk bed	(U) våningssäng (våningssängar)
desk	(N) skrivbord (skrivbord)
cupboard	(N) skåp (skåp)
shelf	(U) hylla (hyllor)
blanket	(U) filt (filtar)
pillow	(U) kudde (kuddar)
mattress	(U) madrass (madrasser)
night table	(N) nattduksbord (nattduksbord)
cuddly toy	(N) gosedjur (gosedjur)
bookshelf	(U) bokhylla (bokhyllor)
lamp	(U) lampa (lampor)
safe (for money)	(N) kassaskåp (kassaskåp)
baby monitor	(U) babyvakt (babyvakter)

Bathroom

broom	(U) kvast (kvastar)
shower	(U) dusch (duschar)
mirror	(U) spegel (speglar)
scale	(U) våg (vågar)
bucket	(U) hink (hinkar)
toilet paper	(N) toalettpapper (toalettpapper)
basin	(N) handfat (handfat)
towel	(U) handduk (handdukar)
tile	(N) kakel (kakel)
toilet brush	(U) toalettborste (toalettborstar)
soap	(U) tvål (tvålar)

bath towel	(U) badhandduk (badhanddukar)
bathtub	(N) badkar (badkar)
shower curtain	(N) duschdraperi (duschdraperier)
laundry	(U) tvätt (tvättar)
laundry basket	(U) tvättkorg (tvättkorgar)
peg	(U) klädnypa (klädnypor)
washing powder	(N) tvättmedel (tvättmedel)

Living room

chair	(U) stol (stolar)
table	(N) bord (bord)
clock	(U) klocka (klockor)
calendar	(U) kalender (kalendrar)
picture	(U) tavla (tavlor)
carpet	(U) matta (mattor)
sofa	(U) soffa (soffor)
power outlet	(N) eluttag (eluttag)
coffee table	(N) soffbord (soffbord)
houseplant	(U) krukväxt (krukväxter)
shoe cabinet	(N) skoskåp (skoskåp)
light switch	(U) lampknapp (lampknappar)
stool	(U) pall (pallar)
rocking chair	(U) gungstol (gungstolar)
door handle	(N) dörrhandtag (dörrhandtag)
tablecloth	(U) duk (dukar)
blind	(U) rullgardin (rullgardiner)
keyhole	(N) nyckelhål (nyckelhål)
smoke detector	(U) brandvarnare (brandvarnare)

Garden

neighbour	(U) **granne** (grannar)
axe	(U) **yxa** (yxor)
saw	(U) **såg** (sågar)
ladder	(U) **stege** (stegar)
fence	(N) **staket** (staket)
swimming pool (garden)	(U) **simbassäng** (simbassänger)
deck chair	(U) **solstol** (solstolar)
mailbox (for letters)	(U) **brevlåda** (brevlådor)
pond	(N) **damm** (dammar)
shed	(N) **skjul** (skjul)
flower bed	(U) **rabatt** (rabatter)
lawn mower	(U) **gräsklippare** (gräsklippare)
rake	(U) **kratta** (krattor)
shovel	(U) **skyffel** (skyfflar)
water can	(U) **vattenkanna** (vattenkannor)
wheelbarrow	(U) **skottkärra** (skottkärror)
hose	(U) **vattenslang** (vattenslangar)
pitchfork	(U) **högaffel** (högafflar)
loppers	(U) **sekatör** (sekatörer)
flower pot	(U) **blomkruka** (blomkrukor)
hedge	(U) **häck** (häckar)
tree house	(U) **träkoja** (träkojor)
hoe	(U) **hacka** (hackor)
chainsaw	(U) **motorsåg** (motorsågar)
kennel	(U) **hundkoja** (hundkojor)
bell	(U) **ringklocka** (ringklockor)
greenhouse	(N) **växthus** (växthus)

Food

Dairy Products

egg	(N) ägg (ägg)
milk	(U) mjölk (mjölk)
cheese	(U) ost (ostar)
butter	(N) smör (smör)
yoghurt	(U) yoghurt (yoghurtar)
ice cream	(U) glass (glassar)
cream (food)	(U) grädde (grädde)
sour cream	(U) gräddfil (gräddfilar)
whipped cream	(U) vispgrädde (vispgrädde)
egg white	(U) äggvita (äggvitor)
yolk	(U) äggula (äggulor)
boiled egg	(N) kokt ägg (kokta ägg)
buttermilk	(U) kärnmjölk (kärnmjölk)
feta	(U) fetaost (fetaostar)
mozzarella	(U) mozzarella (mozzarellor)
parmesan	(U) parmesan (parmesan)
milk powder	(N) mjölkpulver (mjölkpulver)

Meat & Fish

meat	(N) kött (kött)
fish (to eat)	(U) fisk (fiskar)
steak	(U) biff (biffar)
sausage	(U) korv (korvar)
bacon	(N) bacon (bacon)
ham	(U) skinka (skinkor)
lamb	(N) lammkött (lammkött)
pork	(N) fläskkött (fläskkött)

beef	(N) nötkött (nötkött)
chicken (meat)	(N) kycklingkött (kycklingkött)
turkey	(N) kalkonkött (kalkonkött)
salami	(U) salami (salami)
game	(N) viltkött (viltkött)
veal	(N) kalvkött (kalvkött)
fat meat	(N) fett kött (fett kött)
lean meat	(N) magert kött (magert kött)
minced meat	(U) köttfärs (köttfärs)
salmon	(U) lax (laxar)
tuna	(U) tonfisk (tonfiskar)
sardine	(U) sardin (sardiner)
fishbone	(N) fiskben (fiskben)
bone (food)	(N) ben (ben)

Vegetables

lettuce	(U) sallad (sallader)
potato	(U) potatis (potatisar)
mushroom	(U) svamp (svampar)
garlic	(U) vitlök (vitlökar)
cucumber	(U) gurka (gurkor)
onion	(U) lök (lökar)
corn	(U) majs (majs)
pea	(U) ärta (ärtor)
bean	(U) böna (bönor)
celery	(U) selleri (selleri)
okra	(U) okra (okra)
bamboo (food)	(U) bambu (bambu)
Brussels sprouts	(U) brysselkål (brysselkål)
spinach	(U) spenat (spenat)
turnip cabbage	(U) kålrabbi (kålrabbi)

broccoli	(U) broccoli (broccoli)
cabbage	(U) kål (kål)
artichoke	(U) kronärtskocka (kronärtskockor)
cauliflower	(U) blomkål (blomkåler)
pepper (vegetable)	(U) paprika (paprikor)
chili	(U) chili (chilis)
courgette	(U) zucchini (zucchinis)
radish	(U) rädisa (rädisor)
carrot	(U) morot (morötter)
sweet potato	(U) sötpotatis (sötpotatisar)
aubergine	(U) aubergine (auberginer)
ginger	(U) ingefära (ingefäror)
spring onion	(U) vårlök (vårlökar)
leek	(U) purjolök (purjolökar)
truffle	(U) tryffel (tryfflar)
pumpkin	(U) pumpa (pumpor)
lotus root	(U) lotusrot (lotusrötter)

Fruits & More

apple	(N) äpple (äpplen)
banana	(U) banan (bananer)
pear	(N) päron (päron)
tomato	(U) tomat (tomater)
orange (food)	(U) apelsin (apelsiner)
lemon	(U) citron (citroner)
strawberry	(U) jordgubbe (jordgubbar)
pineapple	(U) ananas (ananas)
water melon	(U) vattenmelon (vattenmeloner)
grapefruit	(U) grapefrukt (grapefrukter)
lime	(U) lime (lime)
peach	(U) persika (persikor)

apricot	(U) aprikos (aprikoser)
plum	(N) plommon (plommon)
cherry	(N) körsbär (körsbär)
blackberry	(N) björnbär (björnbär)
cranberry	(N) tranbär (tranbär)
blueberry	(N) blåbär (blåbär)
raspberry	(N) hallon (hallon)
currant	(N) vinbär (vinbär)
sugar melon	(U) sockermelon (sockermeloner)
grape	(U) druva (druvor)
avocado	(U) avokado (avokado)
kiwi	(U) kiwi (kiwi)
lychee	(U) litchi (litchi)
papaya	(U) papaya (papayor)
mango	(U) mango (mango)
pistachio	(U) pistasch (pistascher)
cashew	(U) cashew (cashewer)
peanut	(U) jordnöt (jordnötter)
hazelnut	(U) hasselnöt (hasselnötter)
walnut	(U) valnöt (valnötter)
almond	(U) mandel (mandlar)
coconut	(U) kokosnöt (kokosnötter)
date (food)	(U) dadel (dadlar)
fig	(N) fikon (fikon)
raisin	(N) russin (russin)
olive	(U) oliv (oliver)
pit	(U) kärna (kärnor)
peel	(N) skal (skal)
jackfruit	(U) jackfrukt (jackfrukter)

Spices

salt	(N) salt (salter)
pepper (spice)	(U) peppar (peppar)
curry	(U) curry (curry)
vanilla	(U) vanilj (vanilj)
nutmeg	(U) muskot (muskot)
paprika	(N) paprikapulver (paprikapulver)
cinnamon	(U) kanel (kanel)
lemongrass	(N) citrongräs (citrongräs)
fennel	(U) fänkål (fänkål)
thyme	(U) timjan (timjan)
mint	(U) mynta (mynta)
chive	(U) gräslök (gräslökar)
marjoram	(U) mejram (mejram)
basil	(U) basilika (basilikor)
rosemary	(U) rosmarin (rosmarin)
dill	(U) dill (dill)
coriander	(U) koriander (koriander)
oregano	(U) oregano (oregano)

Products

flour	(N) mjöl (mjöl)
sugar	(N) socker (socker)
rice	(N) ris (ris)
bread	(N) bröd (bröd)
noodle	(U) nudel (nudlar)
oil	(U) olja (oljor)
soy	(U) soja (soja)
wheat	(N) vete (veten)
oat	(U) havre (havre)

sugar beet	(U) **sockerbeta** (sockerbetor)
sugar cane	(N) **sockerrör** (sockerrör)
rapeseed oil	(U) **rapsolja** (rapsoljor)
sunflower oil	(U) **solrosolja** (solrosoljor)
olive oil	(U) **olivolja** (olivoljor)
peanut oil	(U) **jordnötsolja** (jordnötsoljor)
soy milk	(U) **sojamjölk** (sojamjölk)
corn oil	(U) **majsolja** (majsoljor)
vinegar	(U) **vinäger** (vinägrar)
yeast	(U) **jäst** (jäst)
baking powder	(N) **bakpulver** (bakpulver)
gluten	(N) **gluten** (gluten)
tofu	(U) **tofu** (tofu)
icing sugar	(N) **florsocker** (florsocker)
granulated sugar	(N) **strösocker** (strösocker)
vanilla sugar	(N) **vaniljsocker** (vaniljsocker)
tobacco	(U) **tobak** (tobak)

Breakfast

honey	(U) **honung** (honungar)
jam	(U) **sylt** (syltar)
peanut butter	(N) **jordnötssmör** (jordnötssmör)
nut	(U) **nöt** (nötter)
oatmeal	(U) **havregrynsgröt** (havregrynsgrötar)
cereal	(U) **flinga** (flingor)
maple syrup	(U) **lönnsirap** (lönnsirap)
chocolate cream	(U) **chokladkräm** (chokladkrämer)
porridge	(U) **gröt** (grötar)
baked beans	(U) **bakad böna** (bakade bönor)
scrambled eggs	(U) **äggröra** (äggröror)
muesli	(U) **müsli** (müsli)

fruit salad	(U) **fruktsallad** (fruktsallader)
dried fruit	(U) **torkad frukt** (torkade frukter)

Sweet Food

cake	(U) **tårta** (tårtor)
cookie	(U) **kaka** (kakor)
muffin	(U) **muffin** (muffins)
biscuit	(N) **kex** (kex)
chocolate	(U) **choklad** (choklader)
candy	(N) **godis** (godis)
doughnut	(U) **munk** (munkar)
brownie	(U) **brownie** (brownies)
pudding	(U) **pudding** (puddingar)
custard	(U) **vaniljsås** (vaniljsåser)
cheesecake	(U) **cheesecake** (cheesecakes)
crêpe	(U) **crêpe** (crêpes)
croissant	(U) **croissant** (croissanter)
pancake	(U) **pannkaka** (pannkakor)
waffle	(U) **våffla** (våfflor)
apple pie	(U) **äppelpaj** (äppelpajer)
marshmallow	(U) **marshmallow** (marshmallows)
chewing gum	(N) **tuggummi** (tuggummin)
fruit gum	(N) **fruktgummi** (fruktgummin)
liquorice	(U) **lakrits** (lakrits)
caramel	(U) **kola** (kolor)
candy floss	(U) **sockervadd** (sockervadd)
nougat	(U) **nougat** (nougater)

Drinks

water	(N) **vatten** (vatten)

tea	(N) te (te)
coffee	(N) kaffe (kaffe)
coke	(U) cola (cola)
milkshake	(U) milkshake (milkshakes)
orange juice	(U) apelsinjuice (apelsinjuicer)
soda	(N) sodavatten (sodavatten)
tap water	(N) kranvatten (kranvatten)
black tea	(N) svart te (svart te)
green tea	(N) grönt te (grönt te)
milk tea	(N) mjölkte (mjölkte)
hot chocolate	(U) varm choklad (varma choklader)
cappuccino	(U) cappuccino (cappuccino)
espresso	(U) espresso (espresso)
mocha	(U) mockakaffe (mockakaffe)
iced coffee	(U) iskaffe (iskaffe)
lemonade	(U) läskedryck (läskedrycker)
apple juice	(U) äppeljuice (äppeljuicer)
smoothie	(U) smoothie (smoothies)
energy drink	(U) energidryck (energidrycker)

Alcohol

wine	(N) vin (viner)
beer	(U) öl (öl)
champagne	(U) champagne (champagne)
red wine	(N) rött vin (röda viner)
white wine	(N) vitt vin (vita viner)
gin	(U) gin (gin)
vodka	(U) vodka (vodka)
whiskey	(U) whisky (whiskys)
rum	(U) rom (rom)
brandy	(U) konjak (konjaker)

cider	(U) cider (cider)
tequila	(U) tequila (tequila)
cocktail	(U) cocktail (cocktails)
martini	(U) martini (martinis)
liqueur	(U) likör (likörer)
sake	(U) sake (sake)
sparkling wine	(N) mousserande vin (mousserande viner)

Meals

soup	(U) soppa (soppor)
salad	(U) sallad (sallader)
dessert	(U) efterrätt (efterrätter)
starter	(U) förrätt (förrätter)
side dish	(U) sidorätt (sidorätter)
snack	(N) mellanmål (mellanmål)
breakfast	(U) frukost (frukostar)
lunch	(U) lunch (luncher)
dinner	(U) middag (middagar)
picnic	(U) picknick (picknickar)
seafood	(N) skaldjur (skaldjur)
street food	(U) gatumat (gatumat)
menu	(U) meny (menyer)
tip	(U) dricks (dricks)
buffet	(U) buffé (bufféer)

Western Food

pizza	(U) pizza (pizzor)
spaghetti	(U) spaghetti (spaghetti)
potato salad	(U) potatissallad (potatissallader)
mustard	(U) senap (senap)

barbecue	(N) grilla (grilla)
steak	(U) biff (biffar)
roast chicken	(U) grillad kyckling (grillade kycklingar)
pie	(U) paj (pajer)
meatball	(U) köttbulle (köttbullar)
lasagne	(U) lasagne (lasagner)
fried sausage	(U) stekt korv (stekta korvar)
skewer	(N) grillspett (grillspett)
goulash	(U) gulasch (gulascher)
roast pork	(N) grillat fläsk (grillade fläsk)
mashed potatoes	(N) potatismos (potatismos)

Asian Food

sushi	(U) sushi (sushis)
spring roll	(U) vårrulle (vårrullar)
instant noodles	(U) snabbnudel (snabbnudlar)
fried noodles	(U) stekt nudel (stekta nudlar)
fried rice	(N) stekt ris (stekt ris)
ramen	(U) ramen (ramen)
dumpling	(U) klimp (klimpar)
dim sum	(U) dim sum (dim sum)
hot pot	(U) köttgryta (köttgrytor)
Beijing duck	(U) Pekinganka (Pekingankor)

Fast Food

burger	(U) hamburgare (hamburgare)
French fries	(U) pommes frites (pommes frites)
chips	(N) chips (chips)
tomato sauce	(U) ketchup (ketchupar)
mayonnaise	(U) majonnäs (majonnäser)

popcorn	(N) **popcorn** (popcorn)
hamburger	(U) **hamburgare** (hamburgare)
cheeseburger	(U) **ostburgare** (ostburgare)
hot dog	(U) **varmkorv** (varmkorvar)
sandwich	(U) **smörgås** (smörgåsar)
chicken nugget	(U) **kyckling nugget** (kyckling nuggets)
fish and chips	(U) **fish and chips** (fish and chips)
kebab	(U) **kebab** (kebaber)
chicken wings	(U) **kycklingvinge** (kycklingvingar)
onion ring	(U) **lökring** (lökringar)
potato wedges	(U) **potatisklyfta** (potatisklyftor)
nachos	(N) **nachos** (nachos)

Life

Holiday

luggage	(N) **bagage** (bagage)
hotel	(N) **hotell** (hotell)
passport	(N) **pass** (pass)
tent	(N) **tält** (tält)
sleeping bag	(U) **sovsäck** (sovsäckar)
backpack	(U) **ryggsäck** (ryggsäckar)
room key	(U) **rumsnyckel** (rumsnycklar)
guest	(U) **gäst** (gäster)
lobby	(U) **lobby** (lobbys)
room number	(N) **rumsnummer** (rumsnummer)
single room	(N) **enkelrum** (enkelrum)
double room	(N) **dubbelrum** (dubbelrum)
dorm room	(U) **sovsal** (sovsalar)
room service	(U) **rumservice** (rumservice)
minibar	(U) **minibar** (minibarer)
reservation	(U) **reservation** (reservationer)
membership	(N) **medlemskap** (medlemskap)
beach	(U) **sandstrand** (sandstränder)
parasol	(N) **parasoll** (parasoll)
camping	(U) **camping** (campingar)
camping site	(U) **campingplats** (campingplatser)
campfire	(U) **lägereld** (lägereldar)
air mattress	(U) **luftmadrass** (luftmadrasser)
postcard	(N) **vykort** (vykort)
diary	(U) **dagbok** (dagböcker)
visa	(N) **visum** (visa)
hostel	(N) **vandrarhem** (vandrarhem)

booking	(U) bokning (bokningar)
member	(U) medlem (medlemmar)

Time

second (time)	(U) sekund (sekunder)
minute	(U) minut (minuter)
hour	(U) timme (timmar)
morning (6:00-9:00)	(U) morgon (morgnar)
noon	(U) middagstid (middagstider)
evening	(U) kväll (kvällar)
morning (9:00-11:00)	(U) förmiddag (förmiddagar)
afternoon	(U) eftermiddag (eftermiddagar)
night	(U) natt (nätter)
1:00	klockan ett
2:05	fem över två
3:10	tio över tre
4:15	kvart över fyra
5:20	tjugo över fem
6:25	fem i halv sju
7:30	halv åtta
8:35	fem över halv nio
9:40	tjugo i tio
10:45	kvart i elva
11:50	tio i tolv
12:55	fem i ett
one o'clock in the morning	klockan ett på natten
two o'clock in the afternoon	klockan två på eftermiddagen
half an hour	en halvtimme
quarter of an hour	en kvart
three quarters of an hour	fyrtiofem minuter
midnight	(U) midnatt (midnätter)

now	nu (nu)

Date

the day before yesterday	förrgår (förrgår)
yesterday	i går (i går)
today	i dag (i dag)
tomorrow	i morgon (i morgon)
the day after tomorrow	övermorgon (övermorgon)
spring	(U) vår (vårar)
summer	(U) sommar (somrar)
autumn	(U) höst (höstar)
winter	(U) vinter (vintrar)
Monday	(U) måndag (måndagar)
Tuesday	(U) tisdag (tisdagar)
Wednesday	(U) onsdag (onsdagar)
Thursday	(U) torsdag (torsdagar)
Friday	(U) fredag (fredagar)
Saturday	(U) lördag (lördagar)
Sunday	(U) söndag (söndagar)
day	(U) dag (dagar)
week	(U) vecka (veckor)
month	(U) månad (månader)
year	(N) år (år)
January	(U) januari (januari)
February	(U) februari (februari)
March	(U) mars (mars)
April	(U) april (april)
May	(U) maj (maj)
June	(U) juni (juni)
July	(U) juli (juli)
August	(U) augusti (augusti)

September	(U) september (september)
October	(U) oktober (oktober)
November	(U) november (november)
December	(U) december (december)
century	(N) århundrade (århundraden)
decade	(N) årtionde (årtionden)
millennium	(N) årtusende (årtusenden)
2014-01-01	första januari tjugohundrafjorton
2015-04-03	tredje april tjugohundrafemton
2016-05-17	sjuttonde maj tjugohundrasexton
1988-04-12	tolfte april nittonhundraåttioåtta
1899-10-13	trettonde oktober artonhundranittionio
2000-12-12	tolfte december tjugohundra
1900-11-11	elfte november år nittonhundra
2010-07-14	fjortonde juli tjugohundratio
1907-09-30	trettionde september nittonhundrasju
2003-02-25	tjugofemte februari tjugohundratre
last week	förra veckan (förra veckan)
this week	den här veckan (den här veckan)
next week	nästa vecka (nästa vecka)
last year	förra året (förra året)
this year	det här året (det här året)
next year	nästa år (nästa år)
last month	förra månaden (förra månaden)
this month	den här månaden (den här månaden)
next month	nästa månad (nästa månad)
birthday	(U) födelsedag (födelsedagar)
Christmas	(U) jul (jular)
New Year	(N) nyår (nyår)
Ramadan	(U) ramadan (ramadan)
Halloween	(U) halloween (halloween)

Thanksgiving	(U) thanksgiving (thanksgiving)
Easter	(U) påsk (påsk)

Relatives

daughter	(U) dotter (döttrar)
son	(U) son (söner)
mother	(U) mor (mödrar)
father	(U) far (fäder)
wife	(U) maka (makor)
husband	(U) make (makar)
grandfather (paternal)	(U) farfar (farfäder)
grandfather (maternal)	(U) morfar (morfäder)
grandmother (paternal)	(U) farmor (farmödrar)
grandmother (maternal)	(U) mormor (mormödrar)
aunt	(U) moster/faster (mostrar/fastrar)
uncle	(U) morbror/farbror (morbröder/farbröder)
cousin (male)	(U) kusin (kusiner)
cousin (female)	(U) kusin (kusiner)
big brother	(U) storebror (storebröder)
little brother	(U) lillebror (lillebröder)
big sister	(U) storasyster (storasystrar)
little sister	(U) lillasyster (lillasystrar)
niece	(U) systerdotter/brorsdotter (systerdöttrar/brorsdöttrar)
nephew	(U) systerson/brorson (systersöner/brorsöner)
daughter-in-law	(U) svärdotter (svärdöttrar)
son-in-law	(U) svärson (svärsöner)
grandson	(U) sonson/dotterson (sonsöner/dottersöner)
granddaughter	(U) sondotter/dotterdotter (sondöttrar/dotterdöttrar)
brother-in-law	(U) svåger (svågrar)
sister-in-law	(U) svägerska (svägerskor)
father-in-law	(U) svärfar (svärfäder)

mother-in-law	(U) svärmor (svärmödrar)
parents	(U) förälder (föräldrar)
parents-in-law	(U) svärförälder (svärföräldrar)
siblings	(N) syskon (syskon)
grandchild	(N) barnbarn (barnbarn)
stepfather	(U) styvfar (styvfäder)
stepmother	(U) styvmor (styvmödrar)
stepdaughter	(U) styvdotter (styvdöttrar)
stepson	(U) styvson (styvsöner)
dad	(U) pappa (pappor)
mum	(U) mamma (mammor)

Life

man	(U) man (män)
woman	(U) kvinna (kvinnor)
child	(N) barn (barn)
boy	(U) pojke (pojkar)
girl	(U) flicka (flickor)
baby	(U) bebis (bebisar)
love	(U) kärlek (kärlekar)
job	(N) jobb (jobb)
death	(U) död (döda)
birth	(U) födelse (födelser)
infant	(N) spädbarn (spädbarn)
birth certificate	(N) födelsebevis (födelsebevis)
nursery	(N) daghem (daghem)
kindergarten	(N) dagis (dagis)
primary school	(U) grundskola (grundskolor)
twins	(U) tvilling (tvillingar)
triplets	(U) trilling (trillingar)
junior school	(U) lågstadieskola (lågstadieskolor)

high school	(U) gymnasieskola (gymnasieskolor)
friend	(U) vän (vänner)
girlfriend	(U) flickvän (flickvänner)
boyfriend	(U) pojkvän (pojkvänner)
university	(N) universitet (universitet)
vocational training	(U) yrkesutbildning (yrkesutbildningar)
graduation	(U) examen (examina)
engagement	(U) förlovning (förlovningar)
fiancé	(U) fästman (fästmän)
fiancée	(U) fästmö (fästmör)
lovesickness	(N) kärleksbekymmer (kärleksbekymmer)
sex	(N) sex (sex)
engagement ring	(U) förlovningsring (förlovningsringar)
kiss	(U) kyss (kyssar)
wedding	(N) bröllop (bröllop)
divorce	(U) skilsmässa (skilsmässor)
groom	(U) brudgum (brudgummar)
bride	(U) brud (brudar)
wedding dress	(U) brudklänning (brudklänningar)
wedding ring	(U) vigselring (vigselringar)
wedding cake	(U) bröllopstårta (bröllopstårtor)
honeymoon	(U) smekmånad (smekmånader)
funeral	(U) begravning (begravningar)
retirement	(U) pension (pensioner)
coffin	(U) kista (kistor)
corpse	(N) lik (lik)
urn	(U) urna (urnor)
grave	(U) grav (gravar)
widow	(U) änka (änkor)
widower	(U) änkling (änklingar)
orphan	(N) föräldralöst barn (föräldralösa barn)

testament	(N) testamente (testamenten)
heir	(U) arvinge (arvingar)
heritage	(N) arv (arv)
gender	(N) kön (kön)
cemetery	(U) kyrkogård (kyrkogårdar)

Transport

Car

tyre	(N) däck (däck)
steering wheel	(U) ratt (rattar)
throttle	(U) gaspedal (gaspedaler)
brake	(U) broms (bromsar)
clutch	(U) koppling (kopplingar)
horn	(U) tuta (tutor)
windscreen wiper	(U) vindrutetorkare (vindrutetorkare)
battery	(N) batteri (batterier)
rear trunk	(U) baklucka (bakluckor)
wing mirror	(U) sidospegel (sidospeglar)
rear mirror	(U) backspegel (backspeglar)
windscreen	(U) vindruta (vindrutor)
bonnet	(U) motorhuv (motorhuvar)
side door	(U) sidodörr (sidodörrar)
front light	(N) framljus (framljus)
bumper	(U) stötfångare (stötfångare)
seatbelt	(N) bälte (bälten)
diesel	(U) diesel (diesel)
petrol	(U) bensin (bensin)
back seat	(N) baksäte (baksäten)
front seat	(N) framsäte (framsäten)
gear shift	(U) manuell växling (manuella växlingar)
automatic	(U) automatisk växling (automatiska växlingar)
dashboard	(U) instrumentbräda (instrumentbrädor)
airbag	(U) airbag (airbags)
GPS	(U) GPS (GPS)
speedometer	(U) hastighetsmätare (hastighetsmätare)

gear lever	(U) växelspak (växelspakar)
motor	(U) motor (motorer)
exhaust pipe	(N) avgasrör (avgasrör)
hand brake	(U) handbroms (handbromsar)
shock absorber	(U) stötdämpare (stötdämpare)
rear light	(N) bakljus (bakljus)
brake light	(N) bromsljus (bromsljus)

Bus & Train

train	(N) tåg (tåg)
bus	(U) buss (bussar)
tram	(U) spårvagn (spårvagnar)
subway	(U) tunnelbana (tunnelbanor)
bus stop	(U) busshållplats (busshållplatser)
train station	(U) järnvägsstation (järnvägsstationer)
timetable	(U) tidtabell (tidtabeller)
fare	(N) biljettpris (biljettpriser)
minibus	(U) minibuss (minibussar)
school bus	(U) skolbuss (skolbussar)
platform	(U) plattform (plattformar)
locomotive	(N) lokomotiv (lokomotiv)
steam train	(N) ånglok (ånglok)
high-speed train	(N) höghastighetståg (höghastighetståg)
monorail	(U) monorail (monorails)
freight train	(N) godståg (godståg)
ticket office	(U) biljettlucka (biljettluckor)
ticket vending machine	(U) biljettautomat (biljettautomater)
railtrack	(U) tågräls (tågrälsar)

Plane

airport	(U) flygplats (flygplatser)
emergency exit (on plane)	(U) nödutgång (nödutgångar)
helicopter	(U) helikopter (helikoptrar)
wing	(U) vinge (vingar)
engine	(U) motor (motorer)
life jacket	(U) flytväst (flytvästar)
cockpit	(U) förarkabin (förarkabiner)
row	(U) rad (rader)
window (in plane)	(N) fönster (fönster)
aisle	(U) gång (gångar)
glider	(N) glidflygplan (glidflygplan)
cargo aircraft	(N) fraktflygplan (fraktflygplan)
business class	(U) affärsklass (affärsklasser)
economy class	(U) ekonomiklass (ekonomiklasser)
first class	(U) första klass (första klasser)
carry-on luggage	(N) handbagage (handbagage)
check-in desk	(U) incheckningsdisk (incheckningsdiskar)
airline	(N) flygbolag (flygbolag)
control tower	(N) kontrolltorn (kontrolltorn)
customs	(U) tull (tullar)
arrival	(U) ankomst (ankomster)
departure	(U) avgång (avgångar)
runway	(U) landningsbana (landningsbanor)

Ship

harbour	(U) hamn (hamnar)
container	(U) container (containrar)
container ship	(N) containerfartyg (containerfartyg)
yacht	(U) yacht (yachter)

ferry	(U) färja (färjor)
anchor	(N) ankare (ankare)
rowing boat	(U) roddbåt (roddbåtar)
rubber boat	(U) gummibåt (gummibåtar)
mast	(U) mast (master)
life buoy	(U) livboj (livbojar)
sail	(N) segel (segel)
radar	(U) radar (radar)
deck	(N) däck (däck)
lifeboat	(U) livbåt (livbåtar)
bridge	(U) brygga (bryggor)
engine room	(N) maskinrum (maskinrum)
cabin	(U) kabin (kabiner)
sailing boat	(U) segelbåt (segelbåtar)
submarine	(U) ubåt (ubåtar)
aircraft carrier	(N) hangarfartyg (hangarfartyg)
cruise ship	(N) kryssningsfartyg (kryssningsfartyg)
fishing boat	(U) fiskebåt (fiskebåtar)
pier	(U) pir (pirer)
lighthouse	(U) fyr (fyrar)
canoe	(U) kanot (kanoter)

Infrastructure

road	(U) väg (vägar)
motorway	(U) motorväg (motorvägar)
petrol station	(U) bensinstation (bensinstationer)
traffic light	(N) trafikljus (trafikljus)
construction site	(U) byggarbetsplats (byggarbetsplatser)
car park	(U) parkering (parkeringar)
traffic jam	(U) trafikstockning (trafikstockningar)
intersection	(U) vägkorsning (vägkorsningar)

toll	(U) **vägtull** (vägtullar)
overpass	(U) **viadukt** (viadukter)
underpass	(U) **tunnel** (tunnlar)
one-way street	(U) **enkelriktad väg** (enkelriktade vägar)
pedestrian crossing	(N) **övergångsställe** (övergångsställen)
speed limit	(U) **hastighetsbegränsning** (hastighetsbegränsningar)
roundabout	(U) **rondell** (rondeller)
parking meter	(U) **parkeringsautomat** (parkeringsautomater)
car wash	(U) **biltvätt** (biltvättar)
pavement	(U) **trottoar** (trottoarer)
rush hour	(U) **rusningstrafik** (rusningstrafik)
street light	(U) **gatubelysning** (gatubelysningar)

Others

car	(U) **bil** (bilar)
ship	(N) **fartyg** (fartyg)
plane	(N) **flygplan** (flygplan)
bicycle	(U) **cykel** (cyklar)
taxi	(U) **taxi** (taxis)
lorry	(U) **lastbil** (lastbilar)
snowmobile	(U) **snöskoter** (snöskotrar)
cable car	(U) **linbana** (linbanor)
classic car	(U) **klassisk bil** (klassiska bilar)
limousine	(U) **limousine** (limousiner)
motorcycle	(U) **motorcykel** (motorcyklar)
motor scooter	(U) **skoter** (skotrar)
tandem	(U) **tandemcykel** (tandemcyklar)
racing bicycle	(U) **racercykel** (racercyklar)
hot-air balloon	(U) **luftballong** (luftballonger)
caravan	(U) **husvagn** (husvagnar)
trailer	(N) **släp** (släp)

child seat	(U) bilbarnstol (bilbarnstolar)
antifreeze fluid	(N) frostskyddsmedel (frostskyddsmedel)
jack	(U) domkraft (domkrafter)
chain	(U) kedja (kedjor)
air pump	(U) luftpump (luftpumpar)
tractor	(U) traktor (traktorer)
combine harvester	(U) skördetröska (skördetröskor)
excavator	(U) grävmaskin (grävmaskiner)
road roller	(U) ångvält (ångvältar)
crane truck	(U) kranbil (kranbilar)
tank	(U) pansarvagn (pansarvagnar)
concrete mixer	(U) betongblandare (betongblandare)
forklift truck	(U) gaffeltruck (gaffeltruckar)

Culture

Cinema & TV

TV	(U) TV (TV)
cinema	(U) bio (bio)
ticket	(U) biljett (biljetter)
comedy	(U) komedi (komedier)
thriller	(U) thriller (thrillrar)
horror movie	(U) skräckfilm (skräckfilmer)
western film	(U) västernfilm (västernfilmer)
science fiction	(U) science fiction (science fiction)
cartoon	(N) tecknat (tecknat)
screen (cinema)	(U) filmduk (filmdukar)
seat	(U) sittplats (sittplatser)
news	(U) nyhet (nyheter)
channel	(U) kanal (kanaler)
TV series	(U) TV-serie (TV-serier)

Instruments

violin	(U) fiol (fioler)
keyboard (music)	(U) keyboard (keyboards)
piano	(N) piano (pianon)
trumpet	(U) trumpet (trumpeter)
guitar	(U) gitarr (gitarrer)
flute	(U) flöjt (flöjter)
harp	(U) harpa (harpor)
double bass	(U) kontrabas (kontrabasar)
viola	(U) altfiol (altfioler)
cello	(U) cello (cellos)
oboe	(U) oboe (oboer)

saxophone	(U) **saxofon** (saxofoner)
bassoon	(U) **fagott** (fagotter)
clarinet	(U) **klarinett** (klarinetter)
tambourine	(U) **tamburin** (tamburiner)
cymbals	(U) **cymbal** (cymbaler)
snare drum	(U) **virveltrumma** (virveltrummor)
kettledrum	(U) **puka** (pukor)
triangle	(U) **triangel** (trianglar)
trombone	(U) **trombon** (tromboner)
French horn	(N) **valthorn** (valthorn)
tuba	(U) **tuba** (tubor)
bass guitar	(U) **basgitarr** (basgitarrer)
electric guitar	(U) **elgitarr** (elgitarrer)
drums	(U) **trumma** (trummor)
organ	(U) **orgel** (orglar)
xylophone	(U) **xylofon** (xylofoner)
accordion	(N) **dragspel** (dragspel)
ukulele	(U) **ukulele** (ukuleles)
harmonica	(N) **munspel** (munspel)

Music

opera	(U) **opera** (operor)
orchestra	(U) **orkester** (orkestrar)
concert	(U) **konsert** (konserter)
classical music	(U) **klassisk musik** (klassisk musik)
pop	(U) **pop** (pop)
jazz	(U) **jazz** (jazz)
blues	(U) **blues** (blues)
punk	(U) **punk** (punk)
rock (music)	(U) **rock** (rock)
folk music	(U) **folkmusik** (folkmusik)

heavy metal	(U) **heavy metal** (heavy metal)
rap	(U) **rap** (rap)
reggae	(U) **reggae** (reggae)
lyrics	(U) **sångtext** (sångtexter)
melody	(U) **melodi** (melodier)
note (music)	(U) **not** (noter)
clef	(U) **klav** (klaver)
symphony	(U) **symfoni** (symfonier)

Arts

theatre	(U) **teater** (teatrar)
stage	(U) **scen** (scener)
audience	(U) **publik** (publiker)
painting	(U) **målning** (målningar)
drawing	(U) **teckning** (teckningar)
palette	(U) **palett** (paletter)
brush (to paint)	(U) **pensel** (penslar)
oil paint	(U) **oljefärg** (oljefärger)
origami	(U) **origami** (origamis)
pottery	(N) **krukmakeri** (krukmakerier)
woodwork	(N) **träsnideri** (träsniderier)
sculpting	(U) **skulptering** (skulpteringar)
cast	(U) **ensemble** (ensembler)
play	(U) **pjäs** (pjäser)
script	(N) **manus** (manus)
portrait	(N) **porträtt** (porträtt)

Dancing

ballet	(U) **balett** (baletter)
Viennese waltz	(U) **wienervals** (wienervalser)

tango	(U) tango (tangos)
Ballroom dance	(U) tiodans (tiodanser)
Latin dance	(U) latinamerikansk dans (latinamerikanska danser)
rock 'n' roll	(U) rock 'n' roll (rock 'n' roll)
waltz	(U) långsam vals (långsamma valser)
quickstep	(U) quickstep (quickstep)
cha-cha	(U) cha-cha (cha-cha)
jive	(U) jive (jive)
salsa	(U) salsa (salsa)
samba	(U) samba (samba)
rumba	(U) rumba (rumba)

Writing

newspaper	(U) tidning (tidningar)
magazine	(U) tidskrift (tidskrifter)
advertisement	(U) reklam (reklamer)
letter (like a, b, c)	(U) bokstav (bokstäver)
character	(N) tecken (tecken)
text	(U) text (texter)
flyer	(N) flygblad (flygblad)
leaflet	(U) broschyr (broschyrer)
comic book	(U) serietidning (serietidningar)
article	(U) artikel (artiklar)
photo album	(N) fotoalbum (fotoalbum)
newsletter	(N) nyhetsbrev (nyhetsbrev)
joke	(N) skämt (skämt)
Sudoku	(N) Sudoku (Sudoku)
crosswords	(N) korsord (korsord)
caricature	(U) karikatyr (karikatyrer)
table of contents	(U) innehållsförteckning (innehållsförteckningar)
preface	(N) förord (förord)

content	(N) **innehåll** (innehåll)
heading	(U) **rubrik** (rubriker)
publisher	(N) **förlag** (förlag)
novel	(U) **roman** (romaner)
textbook	(U) **lärobok** (läroböcker)
alphabet	(N) **alfabet** (alfabet)

School

Basics

book	(U) bok (böcker)
dictionary	(U) ordbok (ordböcker)
library	(N) bibliotek (bibliotek)
exam	(N) prov (prov)
blackboard	(U) svarta tavlan (svarta tavlor)
desk	(U) skolbänk (skolbänkar)
chalk	(U) krita (kritor)
schoolyard	(U) skolgård (skolgårdar)
school uniform	(U) skoluniform (skoluniformer)
schoolbag	(U) skolväska (skolväskor)
notebook	(U) anteckningsblock (anteckningsblock)
lesson	(U) lektion (lektioner)
homework	(U) läxa (läxor)
essay	(U) uppsats (uppsatser)
term	(U) termin (terminer)
sports ground	(U) idrottsplats (idrottsplatser)
reading room	(N) läsrum (läsrum)

Subjects

history	(U) historia (historier)
science	(U) vetenskap (vetenskaper)
physics	(U) fysik (fysik)
chemistry	(U) kemi (kemi)
art	(U) konst (konst)
English	(U) engelska (engelska)
Latin	(N) latin (latin)
Spanish	(U) spanska (spanska)

Mandarin	(U) **mandarin** (mandarin)
Japanese	(U) **japanska** (japanska)
French	(U) **franska** (franska)
German	(U) **tyska** (tyska)
Arabic	(U) **arabiska** (arabiska)
literature	(U) **litteratur** (litteraturer)
geography	(U) **geografi** (geografi)
mathematics	(U) **matematik** (matematik)
biology	(U) **biologi** (biologi)
physical education	(U) **idrott** (idrotter)
economics	(U) **ekonomi** (ekonomi)
philosophy	(U) **filosofi** (filosofi)
politics	(U) **politik** (politik)
geometry	(U) **geometri** (geometri)

Stationery

pen	(U) **penna** (pennor)
pencil	(U) **blyertspenna** (blyertspennor)
rubber	(N) **suddgummi** (suddgummin)
scissors	(U) **sax** (saxar)
ruler	(U) **linjal** (linjaler)
hole puncher	(N) **hålslag** (hålslag)
paperclip	(N) **gem** (gem)
ball pen	(U) **kulspetspenna** (kulspetspennor)
glue	(N) **lim** (lim)
adhesive tape	(U) **tejp** (tejper)
stapler	(U) **häftapparat** (häftapparater)
oil pastel	(U) **oljepastell** (oljepasteller)
ink	(N) **bläck** (bläck)
coloured pencil	(U) **färgpenna** (färgpennor)
pencil sharpener	(U) **pennvässare** (pennvässare)

pencil case	(N) pennskrin (pennskrin)

Mathematics

result	(N) resultat (resultat)
addition	(U) addition (additioner)
subtraction	(U) subtraktion (subtraktioner)
multiplication	(U) multiplikation (multiplikationer)
division	(U) division (divisioner)
fraction	(U) bråkdel (bråkdelar)
numerator	(U) täljare (täljare)
denominator	(U) nämnare (nämnare)
arithmetic	(U) aritmetik (aritmetik)
equation	(U) ekvation (ekvationer)
first	första (första)
second (2nd)	andra (andra)
third	tredje (tredje)
fourth	fjärde (fjärde)
millimeter	(U) millimeter (millimeter)
centimeter	(U) centimeter (centimeter)
decimeter	(U) decimeter (decimeter)
yard	(U) yard (yard)
meter	(U) meter (meter)
mile	(U) mile (mile)
square meter	(U) kvadratmeter (kvadratmeter)
cubic meter	(U) kubikmeter (kubikmeter)
foot	(U) fot (fot)
inch	(U) tum (tum)
0%	noll procent
100%	etthundra procent
3%	tre procent

Geometry

circle	(U) cirkel (cirklar)
square (shape)	(U) kvadrat (kvadrater)
triangle	(U) triangel (trianglar)
height	(U) höjd (höjder)
width	(U) bredd (bredder)
vector	(U) vektor (vektorer)
diagonal	(U) diagonal (diagonaler)
radius	(U) radie (radier)
tangent	(U) tangent (tangenter)
ellipse	(U) ellips (ellipser)
rectangle	(U) rektangel (rektanglar)
rhomboid	(N) parallellogram (parallellogram)
octagon	(U) oktogon (oktogoner)
hexagon	(U) hexagon (hexagoner)
rhombus	(U) romb (romber)
trapezoid	(U) parallelltrapets (parallelltrapetser)
cone	(U) kon (koner)
cylinder	(U) cylinder (cylindrar)
cube	(U) kub (kuber)
pyramid	(U) pyramid (pyramider)
straight line	(U) rak linje (raka linjer)
right angle	(U) rät vinkel (räta vinklar)
angle	(U) vinkel (vinklar)
curve	(U) kurva (kurvor)
volume	(U) volym (volymer)
area	(U) area (areor)
sphere	(U) sfär (sfärer)

Science

gram	(N) gram (gram)
kilogram	(N) kilogram (kilogram)
ton	(N) ton (ton)
liter	(U) liter (liter)
volt	(U) volt (volt)
watt	(U) watt (watt)
ampere	(U) ampere (ampere)
laboratory	(N) laboratorium (laboratorier)
funnel	(U) tratt (trattar)
Petri dish	(U) petriskål (petriskålar)
microscope	(N) mikroskop (mikroskop)
magnet	(U) magnet (magneter)
pipette	(U) pipett (pipetter)
filter	(N) filter (filter)
pound	(N) pund (pund)
ounce	(N) uns (uns)
milliliter	(U) milliliter (milliliter)
force	(U) kraft (krafter)
gravity	(U) gravitation (gravitation)
theory of relativity	(U) relativitetsteori (relativitetsteorier)

University

lecture	(U) föreläsning (föreläsningar)
canteen	(U) matsal (matsalar)
scholarship	(N) stipendium (stipendier)
graduation ceremony	(U) examensceremoni (examensceremonier)
lecture theatre	(U) horsal (hörsalar)
bachelor	(U) kandidatexamen (kandidatexamina)
master	(U) magisterexamen (magisterexamina)

PhD	(U) **doktorsexamen** (doktorsexamina)
diploma	(N) **diplom** (diplom)
degree	(U) **examen** (examina)
thesis	(U) **avhandling** (avhandlingar)
research	(U) **forskning** (forskningar)
business school	(U) **handelshögskola** (handelshögskolor)

Characters

full stop	(U) **punkt** (punkter)
question mark	(N) **frågetecken** (frågetecken)
exclamation mark	(N) **utropstecken** (utropstecken)
space	(N) **mellanslag** (mellanslag)
colon	(N) **kolon** (kolon)
comma	(N) **komma** (komman)
hyphen	(N) **bindestreck** (bindestreck)
underscore	(N) **understreck** (understreck)
apostrophe	(U) **apostrof** (apostrof)
semicolon	(N) **semikolon** (semikolon)
()	(U) **parentes** (parenteser)
/	(N) **snedstreck** (snedstreck)
&	och
...	etcetera
1 + 2	ett plus två
2 x 3	två gånger tre
3 - 2	tre minus två
1 + 1 = 2	ett plus ett är lika med två
4 / 2	fyra delat med två
4^2	fyra upphöjt till två
6^3	sex upphöjt till tre
3 to the power of 5	tre upphöjt till fem
3.4	tre komma fyra

www.pinhok.com	www punkt pinhok punkt com
contact@pinhok.com	kontakt snabel-a pinhok punkt com
x < y	x är mindre än y
x > y	x är större än y
x >= y	x är större eller lika med y
x <= y	x är mindre eller lika med y

Nature

Elements

fire (general)	(U) eld (eldar)
soil	(U) jord (jord)
ash	(U) aska (askor)
sand	(U) sand (sand)
coal	(N) kol (kol)
diamond	(U) diamant (diamanter)
clay	(U) lera (leror)
chalk	(U) krita (kritor)
limestone	(U) kalksten (kalkstenar)
granite	(U) granit (graniter)
ruby	(U) rubin (rubiner)
opal	(U) opal (opaler)
jade	(U) jade (jade)
sapphire	(U) safir (safirer)
quartz	(U) kvarts (kvarts)
calcite	(U) kalcit (kalciter)
graphite	(U) grafit (grafiter)
lava	(U) lava (lavor)
magma	(U) magma (magma)

Universe

planet	(U) planet (planeter)
star	(U) stjärna (stjärnor)
sun	(U) sol (solar)
earth	(U) jorden
moon	(U) måne (månar)
rocket	(U) raket (raketer)

Mercury	Merkurius
Venus	Venus
Mars	Mars
Jupiter	Jupiter
Saturn	Saturnus
Neptune	Neptunus
Uranus	Uranus
Pluto	Pluto
comet	(U) **komet** (kometer)
asteroid	(U) **asteroid** (asteroider)
galaxy	(U) **galax** (galaxer)
Milky Way	(U) **Vintergatan**
lunar eclipse	(U) **månförmörkelse** (månförmörkelser)
solar eclipse	(U) **solförmörkelse** (solförmörkelser)
meteorite	(U) **meteorit** (meteoriter)
black hole	(N) **svart hål** (svarta hål)
satellite	(U) **satellit** (satelliter)
space station	(U) **rymdstation** (rymdstationer)
space shuttle	(U) **rymdfärja** (rymdfärjor)
telescope	(N) **teleskop** (teleskop)

Earth (1)

equator	(U) **ekvator** (ekvatorer)
North Pole	(U) **Nordpolen** (Nordpolen)
South Pole	(U) **Sydpolen** (Sydpolen)
tropics	(U) **tropikerna** (tropikerna)
northern hemisphere	(N) **norra halvklotet** (norra halvklotet)
southern hemisphere	(N) **södra halvklotet** (södra halvklotet)
longitude	(U) **longitud** (longituder)
latitude	(U) **latitud** (latituder)
Pacific Ocean	**Stilla havet**

Atlantic Ocean	Atlanten
Mediterranean Sea	Medelhavet
Black Sea	Svarta havet
Sahara	Sahara
Himalayas	Himalaya
Indian Ocean	Indiska oceanen
Red Sea	Röda havet
Amazon	Amazon
Andes	Anderna
continent	(U) kontinent (kontinenter)

Earth (2)

sea	(N) hav (hav)
island	(U) ö (öar)
mountain	(N) berg (berg)
river	(U) flod (floder)
forest	(U) skog (skogar)
desert (dry place)	(U) öken (öknar)
lake	(U) sjö (sjöar)
volcano	(U) vulkan (vulkaner)
cave	(U) grotta (grottor)
pole	(U) pol (poler)
ocean	(U) ocean (oceaner)
peninsula	(U) halvö (halvöar)
atmosphere	(U) atmosfär (atmosfärer)
earth's crust	(U) jordskorpan (jordskorpor)
earth's core	(U) jordens kärna (jordens kärnor)
mountain range	(U) bergskedja (bergskedjor)
crater	(U) krater (kratrar)
earthquake	(U) jordbävning (jordbävningar)
tidal wave	(U) flodvåg (flodvågor)

glacier	(U) **glaciär** (glaciärer)
valley	(U) **dal** (dalar)
slope	(U) **sluttning** (sluttningar)
shore	(U) **strand** (stränder)
waterfall	(N) **vattenfall** (vattenfall)
rock (stone)	(U) **sten** (stenar)
hill	(U) **kulle** (kullar)
canyon	(U) **kanjon** (kanjoner)
marsh	(N) **kärr** (kärr)
rainforest	(U) **regnskog** (regnskogar)
stream	(U) **bäck** (bäckar)
geyser	(U) **gejser** (gejsrar)
coast	(U) **kust** (kuster)
cliff	(U) **klippa** (klippor)
coral reef	(N) **korallrev** (korallrev)
aurora	(N) **norrsken** (norrsken)

Weather

rain	(N) **regn** (regn)
snow	(U) **snö** (snö)
ice	(U) **is** (is)
wind	(U) **vind** (vindar)
storm	(U) **storm** (stormar)
cloud	(N) **moln** (moln)
thunderstorm	(N) **åskväder** (åskväder)
lightning	(U) **blixt** (blixtar)
thunder	(U) **åska** (åskor)
sunshine	(N) **solsken** (solsken)
hurricane	(U) **orkan** (orkaner)
typhoon	(U) **tyfon** (tyfoner)
temperature	(U) **temperatur** (temperaturer)

humidity	(U) **fuktighet** (fuktigheter)
air pressure	(N) **lufttryck** (lufttryck)
rainbow	(U) **regnbåge** (regnbågar)
fog	(U) **dimma** (dimmor)
flood	(U) **översvämning** (översvämningar)
monsoon	(U) **monsun** (monsuner)
tornado	(U) **tornado** (tornadoer)
centigrade	Celsius
Fahrenheit	Fahrenheit
-2 °C	minus två grader Celsius
0 °C	noll grader Celsius
12 °C	tolv grader Celsius
-4 °F	minus fyra grader Fahrenheit
0 °F	noll grader Fahrenheit
30 °F	trettio grader Fahrenheit

Trees

tree	(N) **träd** (träd)
trunk	(U) **trädstam** (trädstammar)
root	(U) **rot** (rötter)
leaf	(N) **löv** (löv)
branch	(U) **gren** (grenar)
bamboo (plant)	(U) **bambu** (bambu)
oak	(U) **ek** (ekar)
eucalyptus	(U) **eukalyptus** (eukalyptus)
pine	(U) **tall** (tallar)
birch	(U) **björk** (björkar)
larch	(N) **lärkträd** (lärkträd)
beech	(U) **bok** (bokar)
palm tree	(U) **palm** (palmer)
maple	(U) **lönn** (lönnar)

willow	(N) pilträd (pilträd)

Plants

flower	(U) blomma (blommor)
grass	(N) gräs (gräs)
cactus	(U) kaktus (kaktusar)
stalk	(U) stjälk (stjälkar)
blossom	(U) blomning (blomningar)
seed	(N) frö (frön)
petal	(N) blomblad (blomblad)
nectar	(U) nektar (nektar)
sunflower	(U) solros (solrosor)
tulip	(U) tulpan (tulpaner)
rose	(U) ros (rosor)
daffodil	(U) påsklilja (påskliljor)
dandelion	(U) maskros (maskrosor)
buttercup	(U) smörblomma (smörblommor)
reed	(U) vass (vass)
fern	(U) ormbunke (ormbunkar)
weed	(N) ogräs (ogräs)
bush	(U) buske (buskar)
acacia	(U) akacia (akacia)
daisy	(U) prästkrage (prästkragar)
iris	(U) iris (irisar)
gladiolus	(U) sabellilja (sabelliljor)
clover	(U) klöver (klövrar)
seaweed	(N) sjögräs (sjögräs)

Chemistry

gas	(U) gas (gaser)

fluid	(U) vätska (vätskor)
solid	(U) fast form (fasta former)
atom	(U) atom (atomer)
metal	(U) metall (metaller)
plastic	(U) plast (plaster)
atomic number	(N) atomnummer (atomnummer)
electron	(U) elektron (elektroner)
neutron	(U) neutron (neutroner)
proton	(U) proton (protoner)
non-metal	(U) icke-metall (icke-metaller)
metalloid	(U) metalloid (metalloider)
isotope	(U) isotop (isotoper)
molecule	(U) molekyl (molekyler)
ion	(U) jon (joner)
chemical reaction	(U) kemisk reaktion (kemiska reaktioner)
chemical compound	(U) kemisk förening (kemiska föreningar)
chemical structure	(U) kemisk struktur (kemiska strukturer)
periodic table	(N) periodiska systemet (periodiska system)
carbon dioxide	(U) koldioxid (koldioxider)
carbon monoxide	(U) kolmonoxid (kolmonoxider)
methane	(U) metan (metan)

Periodic Table (1)

hydrogen	(N) väte (väte)
helium	(N) helium (helium)
lithium	(N) litium (litium)
beryllium	(N) beryllium (beryllium)
boron	(N) bor (bor)
carbon	(N) kol (kol)
nitrogen	(N) kväve (kväve)
oxygen	(N) syre (syre)

fluorine	(U) fluor (fluor)
neon	(N) neon (neon)
sodium	(N) natrium (natrium)
magnesium	(N) magnesium (magnesium)
aluminium	(N) aluminium (aluminium)
silicon	(N) kisel (kisel)
phosphorus	(U) fosfor (fosfor)
sulphur	(N) svavel (svavel)
chlorine	(N) klor (klor)
argon	(N) argon (argon)
potassium	(N) kalium (kalium)
calcium	(N) kalcium (kalcium)
scandium	(N) skandium (skandium)
titanium	(N) titan (titan)
vanadium	(N) vanadin (vanadin)
chromium	(N) krom (krom)
manganese	(N) mangan (mangan)
iron	(N) järn (järn)
cobalt	(U) kobolt (kobolt)
nickel	(N) nickel (nickel)
copper	(U) koppar (koppar)
zinc	(U) zink (zink)
gallium	(N) gallium (gallium)
germanium	(N) germanium (germanium)
arsenic	(U) arsenik (arsenik)
selenium	(N) selen (selen)
bromine	(U) brom (brom)
krypton	(N) krypton (krypton)
rubidium	(N) rubidium (rubidium)
strontium	(N) strontium (strontium)
yttrium	(N) yttrium (yttrium)

zirconium (N) zirkonium (zirkonium)

Periodic Table (2)

niobium	(U) niob (niob)
molybdenum	(N) molybden (molybden)
technetium	(N) teknetium (teknetium)
ruthenium	(N) rutenium (rutenium)
rhodium	(N) rodium (rodium)
palladium	(N) palladium (palladium)
silver	(N) silver (silver)
cadmium	(N) kadmium (kadmium)
indium	(N) indium (indium)
tin	(N) tenn (tenn)
antimony	(N) antimon (antimon)
tellurium	(U) tellur (tellur)
iodine	(U) jod (jod)
xenon	(N) xenon (xenon)
caesium	(N) cesium (cesium)
barium	(N) barium (barium)
lanthanum	(N) lantan (lantan)
cerium	(N) cerium (cerium)
praseodymium	(U) praseodym (praseodym)
neodymium	(U) neodym (neodym)
promethium	(N) prometium (prometium)
samarium	(N) samarium (samarium)
europium	(N) europium (europium)
gadolinium	(N) gadolinium (gadolinium)
terbium	(N) terbium (terbium)
dysprosium	(N) dysprosium (dysprosium)
holmium	(N) holmium (holmium)
erbium	(N) erbium (erbium)

thulium	(N) tulium (tulium)
ytterbium	(N) ytterbium (ytterbium)
lutetium	(N) lutetium (lutetium)
hafnium	(N) hafnium (hafnium)
tantalum	(U) tantal (tantal)
tungsten	(U) volfram (volfram)
rhenium	(N) rhenium (rhenium)
osmium	(N) osmium (osmium)
iridium	(N) iridium (iridium)
platinum	(U) platina (platina)
gold	(N) guld (guld)
mercury	(N) kvicksilver (kvicksilver)

Periodic Table (3)

thallium	(N) tallium (tallium)
lead	(N) bly (bly)
bismuth	(U) vismut (vismut)
polonium	(N) polonium (polonium)
astatine	(U) astat (astat)
radon	(N) radon (radon)
francium	(N) francium (francium)
radium	(N) radium (radium)
actinium	(N) aktinium (aktinium)
thorium	(N) torium (torium)
protactinium	(N) protaktinium (protaktinium)
uranium	(N) uran (uran)
neptunium	(N) neptunium (neptunium)
plutonium	(N) plutonium (plutonium)
americium	(N) americium (americium)
curium	(N) curium (curium)
berkelium	(N) berkelium (berkelium)

californium	(N) californium (californium)
einsteinium	(N) einsteinium (einsteinium)
fermium	(N) fermium (fermium)
mendelevium	(N) mendelevium (mendelevium)
nobelium	(N) nobelium (nobelium)
lawrencium	(N) lawrencium (lawrencium)
rutherfordium	(N) rutherfordium (rutherfordium)
dubnium	(N) dubnium (dubnium)
seaborgium	(N) seaborgium (seaborgium)
bohrium	(N) bohrium (bohrium)
hassium	(N) hassium (hassium)
meitnerium	(N) meitnerium (meitnerium)
darmstadtium	(N) darmstadtium (darmstadtium)
roentgenium	(N) röntgenium (röntgenium)
copernicium	(N) copernicium (copernicium)
ununtrium	(N) ununtrium (ununtrium)
flerovium	(N) flerovium (flerovium)
ununpentium	(N) ununpentium (ununpentium)
livermorium	(N) livermorium (livermorium)
ununseptium	(N) ununseptium (ununseptium)
ununoctium	(N) ununoktium (ununoktium)

Clothes

Shoes

flip-flops	(U) flip-flops (flip-flops)
high heels	(U) högklackad sko (högklackade skor)
trainers	(U) träningssko (träningsskor)
wellington boots	(U) gummistövel (gummistövlar)
sandals	(U) sandal (sandaler)
leather shoes	(U) lädersko (läderskor)
heel	(U) klack (klackar)
sole	(U) sula (sulor)
lace	(N) skosnöre (skosnören)
slippers	(U) toffla (tofflor)
bathroom slippers	(U) badtoffla (badtofflor)
football boots	(U) fotbollssko (fotbollsskor)
skates	(U) skridsko (skridskor)
hiking boots	(U) vandringssko (vandringsskor)
ballet shoes	(U) balettsko (balettskor)
dancing shoes	(U) danssko (dansskor)

Clothes

T-shirt	(U) T-shirt (T-shirts)
shorts	(U) shorts (shorts)
trousers	(U) byxa (byxor)
jeans	(U) jeans (jeans)
sweater	(U) tröja (tröjor)
shirt	(U) skjorta (skjortor)
suit	(U) kostym (kostymer)
dress	(U) klänning (klänningar)
skirt	(U) kjol (kjolar)

coat	(U) rock (rockar)
anorak	(U) anorak (anoraks)
jacket	(U) jacka (jackor)
leggings	(U) leggings (leggings)
sweatpants	(U) mjukisbyxa (mjukisbyxor)
tracksuit	(U) träningsoverall (träningsoveraller)
polo shirt	(U) polotröja (polotröjor)
jersey	(U) fotbollströja (fotbollströjor)
diaper	(U) blöja (blöjor)
wedding dress	(U) bröllopsklänning (bröllopsklänningar)
bathrobe	(U) badrock (badrockar)
cardigan	(U) cardigan (cardigans)
blazer	(U) blazer (blazer)
raincoat	(U) regnrock (regnrockar)
evening dress	(U) aftonklänning (aftonklänningar)
ski suit	(U) skiddräkt (skiddräkter)
space suit	(U) rymddräkt (rymddräkter)

Underwear

bra	(U) BH (BH:ar)
thong	(U) stringtrosa (stringtrosor)
panties	(U) trosa (trosor)
underpants	(U) kalsong (kalsonger)
undershirt	(U) undertröja (undertröjor)
sock	(U) socka (sockor)
pantyhose	(U) strumpbyxa (strumpbyxor)
stocking	(U) strumpa (strumpor)
thermal underwear	(U) långkalsong (långkalsonger)
pyjamas	(U) pyjamas (pyjamasar)
jogging bra	(U) sport-bh (sport-bh:ar)
negligee	(U) negligé (negligéer)

little black dress	(U) den lilla svarta (den lilla svarta)
nightie	(N) nattlinne (nattlinnen)
lingerie	(U) underkläder (underkläder)

Accessory

glasses	(N) glasögonpar (glasögon)
sunglasses	(N) solglasögon (solglasögon)
umbrella	(N) paraply (paraplyer)
ring	(U) ring (ringar)
earring	(N) örhänge (örhängen)
wallet	(U) plånbok (plånböcker)
watch	(N) armbandsur (armbandsur)
belt	(N) bälte (bälten)
handbag	(U) handväska (handväskor)
glove	(U) handske (handskar)
scarf	(U) halsduk (halsdukar)
hat	(U) hatt (hattar)
necklace	(N) halsband (halsband)
purse	(U) portmonnä (portmonnäer)
knit cap	(U) mössa (mössor)
tie	(U) slips (slipsar)
bow tie	(U) fluga (flugor)
baseball cap	(U) baseballkeps (baseballkepsar)
brooch	(U) brosch (broscher)
bracelet	(N) armband (armband)
pearl necklace	(N) pärlhalsband (pärlhalsband)
briefcase	(U) portfölj (portföljer)
contact lens	(U) kontaktlins (kontaktlinser)
sun hat	(U) solhatt (solhattar)
sleeping mask	(U) sovmask (sovmaskar)
earplug	(U) öronpropp (öronproppar)

tattoo	(U) **tatuering** (tatueringar)
bib	(U) **haklapp** (haklappar)
shower cap	(U) **duschmössa** (duschmössor)
medal	(U) **medalj** (medaljer)
crown	(U) **krona** (kronor)

Sport

helmet	(U) **hjälm** (hjälmar)
boxing glove	(U) **boxningshandske** (boxningshandskar)
fin	(U) **fena** (fenor)
swim trunks	(U) **badbyxa** (badbyxor)
bikini	(U) **bikini** (bikinis)
swimsuit	(U) **baddräkt** (baddräkter)
shinpad	(N) **benskydd** (benskydd)
sweatband	(N) **svettband** (svettband)
swim goggles	(N) **simglasögon** (simglasögon)
swim cap	(U) **badmössa** (badmössor)
wetsuit	(U) **våtdräkt** (våtdräkter)
diving mask	(U) **dykmask** (dykmasker)

Hairstyle

curly	lockig
straight (hair)	rakt
bald head	flint (flint)
blond	blond
brunette	brunett
ginger	rödhårig
scrunchy	(N) **hårband** (hårband)
barrette	(N) **hårspänne** (hårspännen)
dreadlocks	(U) **dreadlocks** (dreadlocks)
hair straightener	(U) **plattång** (plattänger)

dandruff	(N) mjäll (mjäll)
dyed	färgad
wig	(U) peruk (peruker)
ponytail	(U) hästsvans (hästsvansar)

Others

button	(U) knapp (knappar)
zipper	(U) dragkedja (dragkedjor)
pocket	(U) ficka (fickor)
sleeve	(U) ärm (ärmar)
collar	(U) krage (kragar)
tape measure	(N) måttband (måttband)
mannequin	(U) skyltdocka (skyltdockor)
cotton	(U) bomull (bomull)
fabric	(N) tyg (tyg)
silk	(N) siden (siden)
nylon	(N) nylon (nylon)
polyester	(U) polyester (polyester)
wool	(U) ull (ull)
dress size	(U) klädstorlek (klädstorlekar)
changing room	(N) omklädningsrum (omklädningsrum)

Chemist

Women

perfume	(U) parfym (parfymer)
tampon	(U) tampong (tamponger)
panty liner	(N) trosskydd (trosskydd)
face mask	(U) ansiktsmask (ansiktsmasker)
sanitary towel	(U) dambinda (dambindor)
curling iron	(U) locktång (locktänger)
antiwrinkle cream	(U) antirynkkräm (antirynkkrämer)
pedicure	(U) pedikyr (pedikyrer)
manicure	(U) manikyr (manikyrer)

Men

razor	(U) rakhyvel (rakhyvlar)
shaving foam	(N) raklödder (raklödder)
shaver	(U) rakapparat (rakapparater)
condom	(U) kondom (kondomer)
shower gel	(U) duschtvål (duschtvålar)
nail clipper	(U) nagelklippare (nagelklippare)
aftershave	(U) aftershave (aftershave)
lubricant	(N) glidmedel (glidmedel)
hair gel	(U) hårgelé (hårgeléer)
nail scissors	(U) nagelsax (nagelsaxar)
lip balm	(N) läppbalsam (läppbalsam)
razor blade	(N) rakblad (rakblad)

Daily Use

toothbrush	(U) tandborste (tandborstar)
toothpaste	(U) tandkräm (tandkrämer)

comb	(U) kam (kammar)
tissue	(U) näsduk (näsdukar)
cream (pharmaceutical)	(U) kräm (krämer)
shampoo	(N) schampo (schampon)
brush (for cleaning)	(U) borste (borstar)
body lotion	(U) kroppslotion (kroppslotion)
face cream	(U) ansiktskräm (ansiktskrämer)
sunscreen	(N) solskyddsmedel (solskyddsmedel)
insect repellent	(N) insektsmedel (insektsmedel)

Cosmetics

lipstick	(N) läppstift (läppstift)
mascara	(U) mascara (mascaror)
nail polish	(N) nagellack (nagellack)
foundation	(U) foundation (foundation)
nail file	(U) nagelfil (nagelfilar)
eye shadow	(U) ögonskugga (ögonskuggor)
eyeliner	(U) eyeliner (eyeliner)
eyebrow pencil	(U) ögonbrynspenna (ögonbrynspennor)
facial toner	(U) ansiktstoner (ansiktstoner)
nail varnish remover	(U) nagellacksborttagning (nagellacksborttagningar)
tweezers	(U) pincett (pincetter)
lip gloss	(U) läppglans (läppglanser)
concealer	(U) concealer (concealer)
face powder	(N) ansiktspuder (ansiktspuder)
powder puff	(U) pudervippa (pudervippor)

City

Shopping

bill	(U) räkning (räkningar)
cash register	(U) kassaapparat (kassaapparater)
basket	(U) korg (korgar)
market	(U) marknad (marknader)
supermarket	(U) stormarknad (stormarknader)
pharmacy	(N) apotek (apotek)
furniture store	(U) möbelaffär (möbelaffärer)
toy shop	(U) leksaksaffär (leksaksaffärer)
shopping mall	(N) köpcentrum (köpcentrum)
sports shop	(U) sportaffär (sportaffärer)
fish market	(U) fiskmarknad (fiskmarknader)
fruit merchant	(U) frukthandlare (frukthandlare)
bookshop	(U) bokhandel (bokhandlar)
pet shop	(U) djuraffär (djuraffärer)
second-hand shop	(U) second hand-butik (second hand-butiker)
pedestrian area	(U) gågata (gågator)
square	(N) torg (torg)
shopping cart	(U) kundvagn (kundvagnar)
bar code	(U) streckkod (streckkoder)
bargain	(N) fynd (fynd)
shopping basket	(U) kundkorg (kundkorgar)
warranty	(U) garanti (garantier)
bar code scanner	(U) streckkodsläsare (streckkodsläsare)

Buildings

house	(N) hus (hus)
apartment	(U) lägenhet (lägenheter)

skyscraper	(U) skyskrapa (skyskrapor)
hospital	(N) sjukhus (sjukhus)
farm	(U) bondgård (bondgårdar)
factory	(U) fabrik (fabriker)
kindergarten	(N) dagis (dagis)
school	(U) skola (skolor)
university	(N) universitet (universitet)
post office	(N) postkontor (postkontor)
town hall	(N) stadshus (stadshus)
warehouse	(N) lager (lager)
church	(U) kyrka (kyrkor)
mosque	(U) moské (moskéer)
temple	(N) tempel (tempel)
synagogue	(U) synagoga (synagogor)
embassy	(U) ambassad (ambassader)
cathedral	(U) katedral (katedraler)
ruin	(U) ruin (ruiner)
castle	(N) slott (slott)

Leisure

bar	(U) bar (barer)
restaurant	(U) restaurang (restauranger)
gym	(N) gym (gym)
park	(U) park (parker)
bench	(U) bänk (bänkar)
fountain	(U) fontän (fontäner)
tennis court	(U) tennisbana (tennisbanor)
swimming pool (building)	(U) simbassäng (simbassänger)
football stadium	(U) fotbollsarena (fotbollsarenor)
golf course	(U) golfbana (golfbanor)
ski resort	(U) skidort (skidorter)

botanic garden	(U) botanisk trädgård (botaniska trädgårdar)
ice rink	(U) isrink (isrinkar)
night club	(U) nattklubb (nattklubbar)

Tourism

museum	(N) museum (museer)
casino	(N) kasino (kasinon)
tourist information	(U) turistinformation (turistinformationer)
toilet (public)	(U) toalett (toaletter)
map	(U) karta (kartor)
souvenir	(U) souvenir (souvenirer)
promenade	(U) promenad (promenader)
tourist attraction	(U) turistattraktion (turistattraktioner)
tourist guide	(U) turistguide (turistguider)
monument	(N) monument (monument)
national park	(U) nationalpark (nationalparker)
art gallery	(N) konstgalleri (konstgallerier)

Infrastructure

alley	(U) gränd (gränder)
manhole cover	(N) brunnslock (brunnslock)
dam	(U) damm (dammar)
power line	(U) kraftledning (kraftledningar)
sewage plant	(N) reningsverk (reningsverk)
avenue	(U) aveny (avenyer)
hydroelectric power station	(N) vattenkraftverk (vattenkraftverk)
nuclear power plant	(N) kärnkraftverk (kärnkraftverk)
wind farm	(N) vindkraftverk (vindkraftverk)

Construction

hammer	(U) hammare (hammare)
nail	(U) spik (spikar)
pincers	(U) kniptång (kniptänger)
screwdriver	(U) skruvmejsel (skruvmejslar)
drilling machine	(U) borrmaskin (borrmaskiner)
tape measure	(N) måttband (måttband)
brick	(U) tegelsten (tegelstenar)
putty	(U) spackelspade (spackelspadar)
scaffolding	(U) byggnadsställning (byggnadsställningar)
spirit level	(N) vattenpass (vattenpass)
utility knife	(U) brytbladskniv (brytbladsknivar)
screw wrench	(U) skruvnyckel (skruvnycklar)
file	(U) fil (filar)
smoothing plane	(U) hyvel (hyvlar)
safety glasses	skyddsglasögon (skyddsglasögon)
wire	(U) tråd (trådar)
handsaw	(U) handsåg (handsågar)
insulating tape	(U) isoleringstejp (isoleringstejper)
cement	(U) cement (cement)
inking roller	(U) färgvals (färgvalsar)
paint	(U) färg (färger)
pallet	(U) lastpall (lastpallar)
cement mixer	(U) cementblandare (cementblandare)
steel beam	(U) stålbalk (stålbalkar)
roof tile	(N) taktegel (taktegel)
wooden beam	(U) träbalk (träbalkar)
concrete	(U) betong (betong)
asphalt	(U) asfalt (asfalt)
tar	(U) tjära (tjära)
crane	(U) lyftkran (lyftkranar)

steel	(N) stål (stål)
varnish	(U) lack (lacker)

Kids

slide	(U) rutschkana (rutschkanor)
swing	(U) gunga (gungor)
playground	(U) lekplats (lekplatser)
zoo	(U) djurpark (djurparker)
roller coaster	(U) berg-och-dalbana (berg-och-dalbanor)
water slide	(U) vattenrutschkana (vattenrutschkanor)
sandbox	(U) sandlåda (sandlådor)
fairground	(N) nöjesfält (nöjesfält)
theme park	(U) nöjespark (nöjesparker)
water park	(U) vattenpark (vattenparker)
aquarium	(N) akvarium (akvarier)
carousel	(U) karusell (karuseller)

Ambulance

ambulance	(U) ambulans (ambulanser)
police	(U) polis (poliser)
firefighters	(U) brandkår (brandkårer)
helmet	(U) hjälm (hjälmar)
fire extinguisher	(U) brandsläckare (brandsläckare)
fire (emergency)	(U) brand (bränder)
emergency exit (in building)	(U) nödutgång (nödutgångar)
handcuff	(U) handboja (handbojor)
gun	(U) pistol (pistoler)
police station	(U) polisstation (polisstationer)
hydrant	(U) vattenpost (vattenposter)
fire alarm	(N) brandlarm (brandlarm)

fire station	(U) **brandstation** (brandstationer)
fire truck	(U) **brandbil** (brandbilar)
siren	(U) **siren** (sirener)
warning light	(N) **varningsljus** (varningsljus)
police car	(U) **polisbil** (polisbilar)
uniform	(U) **uniform** (uniformer)
baton	(U) **batong** (batonger)

More

village	(U) **by** (byar)
suburb	(U) **förort** (förorter)
state	(U) **stat** (stater)
colony	(U) **koloni** (kolonier)
region	(U) **region** (regioner)
district	(N) **distrikt** (distrikt)
territory	(N) **territorium** (territorier)
province	(U) **provins** (provinser)
country	(N) **land** (länder)
capital	(U) **huvudstad** (huvudstäder)
metropolis	(U) **metropol** (metropoler)
central business district (CBD)	(N) **centralt affärsdistrikt** (centrala affärsdistrikt)
industrial district	(N) **industriområde** (industriområden)

Health

Hospital

patient	(U) patient (patienter)
visitor	(U) besökare (besökare)
surgery	(U) operation (operationer)
waiting room	(N) väntrum (väntrum)
outpatient	(U) öppenvård (öppenvård)
clinic	(U) klinik (kliniker)
visiting hours	(U) besökstid (besökstider)
intensive care unit	(U) intensivvårdsavdelning (intensivvårdsavdelningar)
emergency room	(U) akut (akuter)
appointment	(U) avtalad tid (avtalade tider)
operating theatre	(U) operationssal (operationssalar)
canteen	(U) matsal (matsalar)

Medicine

pill	(U) tablett (tabletter)
capsule	(U) kapsel (kapslar)
infusion	(U) infusion (infusioner)
inhaler	(U) inhalator (inhalatorer)
nasal spray	(U) nässpray (nässprayer)
painkiller	(N) smärtstillande medel (smärtstillande medel)
Chinese medicine	(U) kinesisk medicin (kinesiska mediciner)
antibiotics	(N) antibiotikum (antibiotika)
antiseptic	(N) antiseptikum (antiseptika)
vitamin	(U) vitamin (vitaminer)
powder	(N) pulver (pulver)
insulin	(N) insulin (insulin)
side effect	(U) biverkning (biverkningar)

cough syrup	(U) hostmedicin (hostmediciner)
dosage	(U) dosering (doseringar)
expiry date	(N) utgångsdatum (utgångsdatum)
sleeping pill	(U) sömntablett (sömntabletter)
aspirin	(U) aspirin (aspirin)

Disease

virus	(N) virus (virus)
bacterium	(U) bakterie (bakterier)
flu	(U) influensa (influensor)
diarrhea	(U) diarré (diarréer)
heart attack	(U) hjärtattack (hjärtattacker)
asthma	(U) astma (astma)
rash	(N) utslag (utslag)
chickenpox	(N) vattkoppor (vattkoppor)
nausea	(N) illamående (illamåenden)
cancer	(U) cancer (cancer)
stroke	(U) stroke (strokes)
diabetes	(U) diabetes (diabetes)
epilepsy	(U) epilepsi (epilepsi)
measles	(U) mässling (mässling)
mumps	(U) påssjuka (påssjuka)
migraine	(U) migrän (migrän)

Discomfort

cough	(U) hosta (hostor)
fever	(U) feber (febrar)
headache	(U) huvudvärk (huvudvärkar)
stomach ache	(N) magont (magont)
sunburn	(U) solbränna (solbrännor)

cold (sickness)	(U) **förkylning** (förkylningar)
nosebleed	(N) **näsblod** (näsblod)
cramp	(U) **kramp** (kramper)
eczema	(N) **eksem** (eksem)
high blood pressure	(N) **högt blodtryck** (höga blodtryck)
infection	(U) **infektion** (infektioner)
allergy	(U) **allergi** (allergier)
hay fever	(U) **hösnuva** (hösnuvor)
sore throat	(N) **halsont** (halsont)
poisoning	(U) **förgiftning** (förgiftningar)
toothache	(U) **tandvärk** (tandvärkar)
caries	(U) **karies** (karies)
hemorrhoid	(U) **hemorrojder** (hemorrojder)

Tools

needle	(U) **nål** (nålar)
syringe (tool)	(U) **spruta** (sprutor)
bandage	(N) **bandage** (bandage)
plaster	(N) **plåster** (plåster)
cast	(N) **gips** (gips)
crutch	(U) **krycka** (kryckor)
wheelchair	(U) **rullstol** (rullstolar)
fever thermometer	(U) **febertermometer** (febertermometrar)
dental brace	(U) **tandställning** (tandställningar)
neck brace	(U) **halskrage** (halskragar)
stethoscope	(N) **stetoskop** (stetoskop)
CT scanner	(U) **datortomografi** (datortomografier)
catheter	(U) **kateter** (katetrar)
scalpel	(U) **skalpell** (skalpeller)
respiratory machine	(U) **respirator** (respiratorer)
blood test	(N) **blodprov** (blodprover)

ultrasound machine	(U) ultraljudsmaskin (ultraljudsmaskiner)
X-ray photograph	(U) röntgenbild (röntgenbilder)
dental prostheses	(U) tandprotes (tandproteser)
dental filling	(U) tandfyllning (tandfyllningar)
spray	(U) spray (sprayer)
magnetic resonance imaging	(U) magnetisk resonanstomografi (magnetiska resonanstomografier)

Accident

injury	(U) skada (skador)
accident	(U) olycka (olyckor)
wound	(N) sår (sår)
pulse	(U) puls (pulser)
fracture	(U) fraktur (frakturer)
bruise	(N) blåmärke (blåmärken)
burn	(N) brännsår (brännsår)
bite	(N) bitsår (bitsår)
electric shock	(U) elchock (elchocker)
suture	(N) stygn (stygn)
concussion	(U) hjärnskakning (hjärnskakningar)
head injury	(U) huvudskada (huvudskador)
emergency	(N) nödfall (nödfall)

Departments

cardiology	(U) kardiologi
orthopaedics	(U) ortopedi
gynaecology	(U) gynekologi
radiology	(U) radiologi
dermatology	(U) dermatologi
paediatrics	(U) pediatrik
psychiatry	(U) psykiatri

surgery	(U) kirurgi
urology	(U) urologi
neurology	(U) neurologi
endocrinology	(U) endokrinologi
pathology	(U) patologi
oncology	(U) onkologi

Therapy

massage	(U) **massage** (massager)
meditation	(U) **meditation** (meditationer)
acupuncture	(U) **akupunktur** (akupunkturer)
physiotherapy	(U) **fysioterapi** (fysioterapier)
hypnosis	(U) **hypnos** (hypnoser)
homoeopathy	(U) **homeopati** (homeopatier)
aromatherapy	(U) **aromaterapi** (aromaterapier)
group therapy	(U) **gruppterapi** (gruppterapier)
psychotherapy	(U) **psykoterapi** (psykoterapier)
feng shui	(U) **feng shui** (feng shui)
hydrotherapy	(U) **hydroterapi** (hydroterapier)
behaviour therapy	(U) **beteendeterapi** (beteendeterapier)
psychoanalysis	(U) **psykoanalys** (psykoanalyser)
family therapy	(U) **familjeterapi** (familjeterapier)

Pregnancy

birth control pill	(N) **p-piller** (p-piller)
pregnancy test	(N) **graviditetstest** (graviditetstester)
foetus	(N) **foster** (foster)
embryo	(N) **embryo** (embryon)
womb	(U) **livmoder** (livmodrar)
delivery	(U) **förlossning** (förlossningar)

miscarriage	(N) **missfall** (missfall)
cesarean	(N) **kejsarsnitt** (kejsarsnitt)
episiotomy	(U) **episiotomi** (episiotomier)

Business

Company

office	(N) kontor (kontor)
meeting room	(N) mötesrum (mötesrum)
business card	(N) visitkort (visitkort)
employee	(U) anställd (anställda)
employer	(U) arbetsgivare (arbetsgivare)
colleague	(U) kollega (kollegor)
staff	(U) personal (personal)
salary	(U) lön (löner)
insurance	(U) försäkring (försäkringar)
department	(U) avdelning (avdelningar)
sales	(U) försäljning (försäljningar)
marketing	(U) marknadsföring (marknadsföringar)
accounting	(U) bokföring (bokföringar)
legal department	(U) juridisk avdelning (juridiska avdelningar)
human resources	(U) personalavdelning (personalavdelningar)
IT	(U) IT (IT)
stress	(U) stress (stress)
business dinner	(U) affärsmiddag (affärsmiddagar)
business trip	(U) affärsresa (affärsresor)
tax	(U) skatt (skatter)

Office

letter (post)	(N) brev (brev)
envelope	(N) kuvert (kuvert)
stamp	(N) frimärke (frimärken)
address	(U) adress (adresser)
zip code	(N) postnummer (postnummer)

parcel	(N) paket (paket)
fax	(U) fax (faxar)
text message	(N) SMS (SMS)
voice message	(N) röstmeddelande (röstmeddelanden)
bulletin board	(U) anslagstavla (anslagstavlor)
flip chart	(N) blädderblock (blädderblock)
projector	(U) projektor (projektorer)
rubber stamp	(U) stämpel (stämplar)
clipboard	(U) skrivplatta (skrivplattor)
folder (physical)	(U) pärm (pärmar)
lecturer	(U) föreläsare (föreläsare)
presentation	(U) presentation (presentationer)
note (information)	(U) anteckning (anteckningar)

Jobs (1)

doctor	(U) läkare (läkare)
policeman	(U) polis (poliser)
firefighter	(U) brandman (brandmän)
nurse	(U) sjuksköterska (sjuksköterskor)
pilot	(U) pilot (piloter)
stewardess	(U) flygvärdinna (flygvärdinnor)
architect	(U) arkitekt (arkitekter)
manager	(U) chef (chefer)
secretary	(U) sekreterare (sekreterare)
general manager	(U) verkställande direktör (verkställande direktörer)
director	(U) företagsledare (företagsledare)
chairman	(U) ordförande (ordförande)
judge	(U) domare (domare)
assistant	(U) assistent (assistenter)
prosecutor	(U) åklagare (åklagare)
lawyer	(U) advokat (advokater)

consultant	(U) konsult (konsulter)
accountant	(U) bokhållare (bokhållare)
stockbroker	(U) börsmäklare (börsmäklare)
librarian	(U) bibliotekarie (bibliotekarier)
teacher	(U) lärare (lärare)
kindergarten teacher	(U) förskollärare (förskollärare)
scientist	(U) forskare (forskare)
professor	(U) professor (professorer)
physicist	(U) fysiker (fysiker)
programmer	(U) programmerare (programmerare)
politician	(U) politiker (politiker)
intern	(U) praktikant (praktikanter)
captain	(U) kapten (kaptener)
entrepreneur	(U) entreprenör (entreprenörer)
chemist	(U) kemist (kemister)
dentist	(U) tandläkare (tandläkare)
chiropractor	(U) kiropraktor (kiropraktorer)
detective	(U) detektiv (detektiver)
pharmacist	(U) apotekare (apotekare)
vet	(U) veterinär (veterinärer)
midwife	(U) barnmorska (barnmorskor)
surgeon	(U) kirurg (kirurger)
physician	(U) läkare (läkare)
prime minister	(U) premiärminister (premiärministrar)
minister	(U) minister (ministrar)
president (of a state)	(U) president (presidenter)

Jobs (2)

cook	(U) kock (kockar)
waiter	(U) servitör (servitörer)
barkeeper	(U) bartender (bartendrar)

farmer	(U) bonde (bönder)
lorry driver	(U) lastbilschaufför (lastbilschaufförer)
train driver	(U) tågförare (tågförare)
hairdresser	(U) frisör (frisörer)
butcher	(U) slaktare (slaktare)
travel agent	(U) resebyråagent (resebyråagenter)
real-estate agent	(U) fastighetsagent (fastighetsagenter)
jeweller	(U) juvelerare (juvelerare)
tailor	(U) skräddare (skräddare)
cashier	(U) kassör (kassörer)
postman	(U) brevbärare (brevbärare)
receptionist	(U) receptionist (receptionister)
construction worker	(U) byggarbetare (byggarbetare)
carpenter	(U) snickare (snickare)
electrician	(U) elektriker (elektriker)
plumber	(U) rörmokare (rörmokare)
mechanic	(U) mekaniker (mekaniker)
cleaner	(U) städare (städare)
gardener	(U) trädgårdsmästare (trädgårdsmästare)
fisherman	(U) fiskare (fiskare)
florist	(U) blomsterhandlare (blomsterhandlare)
shop assistant	(U) butiksmedarbetare (butiksmedarbetare)
optician	(U) optiker (optiker)
soldier	(U) soldat (soldater)
security guard	(U) säkerhetsvakt (säkerhetsvakter)
bus driver	(U) busschaufför (busschaufförer)
taxi driver	(U) taxichaufför (taxichaufförer)
conductor	(U) konduktör (konduktörer)
apprentice	(U) lärling (lärlingar)
landlord	(U) hyresvärd (hyresvärdar)
bodyguard	(U) livvakt (livvakter)

Jobs (3)

priest	(U) **präst** (präster)
nun	(U) **nunna** (nunnor)
monk	(U) **munk** (munkar)
photographer	(U) **fotograf** (fotografer)
coach (sport)	(U) **tränare** (tränare)
cheerleader	(U) **cheerleader** (cheerleaders)
referee	(U) **domare** (domare)
reporter	(U) **reporter** (reportrar)
actor	(U) **skådespelare** (skådespelare)
musician	(U) **musiker** (musiker)
conductor	(U) **dirigent** (dirigenter)
singer	(U) **sångare** (sångare)
artist	(U) **konstnär** (konstnärer)
designer	(U) **designer** (designer)
model	(U) **modell** (modeller)
DJ	(U) **DJ** (DJ:ar)
tour guide	(U) **guide** (guider)
lifeguard	(U) **livräddare** (livräddare)
physiotherapist	(U) **fysioterapeut** (fysioterapeuter)
masseur	(U) **massör** (massörer)
anchor	(N) **nyhetsankare** (nyhetsankare)
host	(U) **programledare** (programledare)
commentator	(U) **kommentator** (kommentatorer)
camera operator	(U) **kameraoperatör** (kameraoperatörer)
engineer	(U) **ingenjör** (ingenjörer)
thief	(U) **tjuv** (tjuvar)
criminal	(U) **kriminell** (kriminella)
dancer	(U) **dansare** (dansare)
journalist	(U) **journalist** (journalister)
prostitute	(U) **prostituerad** (prostituerade)

author	(U) författare (författare)
air traffic controller	(U) flygledare (flygledare)
director	(U) regissör (regissörer)
mufti	(U) mufti (mufti)
rabbi	(U) rabbin (rabbiner)

Technology

e-mail	(U) e-post (e-post)
telephone	(U) telefon (telefoner)
smartphone	(U) smarttelefon (smarttelefoner)
e-mail address	(U) e-postadress (e-postadresser)
website	(U) webbsida (webbsidor)
telephone number	(N) telefonnummer (telefonnummer)
file	(U) fil (filer)
folder (computer)	(U) mapp (mappar)
app	(U) app (appar)
laptop	(U) bärbar dator (bärbara datorer)
screen (computer)	(U) skärm (skärmar)
printer	(U) skrivare (skrivare)
scanner	(U) skanner (skannrar)
USB stick	(U) USB-sticka (USB-stickor)
hard drive	(U) hårddisk (hårddiskar)
central processing unit (CPU)	(U) processor (processorer)
random access memory (RAM)	(N) RAM-minne (RAM-minnen)
keyboard (computer)	(N) tangentbord (tangentbord)
mouse (computer)	(U) mus (möss)
earphone	(U) hörlur (hörlurar)
mobile phone	(U) mobiltelefon (mobiltelefoner)
webcam	(U) webbkamera (webbkameror)
server	(U) server (servrar)

network	(N) nätverk (nätverk)
browser	(U) webbläsare (webbläsare)
inbox	(U) inkorg (inkorgar)
url	(U) URL (URL:er)
icon	(U) ikon (ikoner)
scrollbar	(U) rullningslist (rullningslister)
recycle bin	(U) papperskorg (papperskorgar)
chat	(U) chatt (chattar)
social media	(N) sociala medier (sociala medier)
signal (of phone)	(U) täckning (täckningar)
database	(U) databas (databaser)

Law

law	(U) lag (lagar)
fine	(U) bot (böter)
prison	(N) fängelse (fängelser)
court	(U) domstol (domstolar)
jury	(U) jury (juryer)
witness	(N) vittne (vittnen)
defendant	(U) svarande (svarande)
case	(N) mål (mål)
evidence	(N) bevis (bevis)
suspect	(U) misstänkt (misstänkta)
fingerprint	(N) fingeravtryck (fingeravtryck)
paragraph	(U) paragraf (paragrafer)

Bank

money	(U) pengar (pengar)
coin	(N) mynt (mynt)
note (money)	(U) sedel (sedlar)

credit card	(N) kreditkort (kreditkort)
cash machine	(U) bankomat (bankomater)
signature	(U) namnteckning (namnteckningar)
dollar	(U) dollar (dollar)
euro	(U) euro (euro)
pound	(N) pund (pund)
bank account	(N) bankkonto (bankkonton)
password	(N) lösenord (lösenord)
account number	(N) kontonummer (kontonummer)
amount	(N) belopp (belopp)
cheque	(U) check (checkar)
customer	(U) kund (kunder)
savings	(U) besparing (besparingar)
loan	(N) lån (lån)
interest	(U) ränta (räntor)
bank transfer	(U) banköverföring (banköverföringar)
yuan	(U) yuan (yuan)
yen	(U) yen (yen)
krone	(U) krona (kronor)
dividend	(U) utdelning (utdelningar)
share	(U) aktie (aktier)
share price	(U) aktiekurs (aktiekurser)
stock exchange	(U) aktiebörs (aktiebörser)
investment	(U) investering (investeringar)
portfolio	(U) portfölj (portföljer)
profit	(U) vinst (vinster)
loss	(U) förlust (förluster)

Things

Sport

basketball	(U) **basketboll** (basketbollar)
football	(U) **fotboll** (fotbollar)
goal	(N) **mål** (mål)
tennis racket	(N) **tennisracket** (tennisracketar)
tennis ball	(U) **tennisboll** (tennisbollar)
net	(N) **nät** (nät)
cup (trophy)	(U) **pokal** (pokaler)
medal	(U) **medalj** (medaljer)
swimming pool (competition)	(U) **simbassäng** (simbassänger)
football	(U) **amerikansk fotboll** (amerikanska fotbollar)
bat	(N) **slagträ** (slagträn)
mitt	(U) **handske** (handskar)
gold medal	(U) **guldmedalj** (guldmedaljer)
silver medal	(U) **silvermedalj** (silvermedaljer)
bronze medal	(U) **bronsmedalj** (bronsmedaljer)
shuttlecock	(U) **badmintonboll** (badmintonbollar)
golf club	(U) **golfklubba** (golfklubbor)
golf ball	(U) **golfboll** (golfbollar)
stopwatch	(N) **tidtagarur** (tidtagarur)
trampoline	(U) **trampolin** (trampoliner)
boxing ring	(U) **boxningsring** (boxningsringar)
mouthguard	(N) **munskydd** (munskydd)
surfboard	(U) **surfingbräda** (surfingbrädor)
ski	(U) **skida** (skidor)
ski pole	(U) **skidstav** (skidstavar)
sledge	(U) **släde** (slädar)
parachute	(U) **fallskärm** (fallskärmar)

cue	(U) kö (köer)
bowling ball	(N) bowlingklot (bowlingklot)
snooker table	(N) snookerbord (snookerbord)
saddle	(U) sadel (sadlar)
whip	(U) piska (piskor)
hockey stick	(U) hockeyklubba (hockeyklubbor)
basket	(U) basketkorg (basketkorgar)
world record	(N) världsrekord (världsrekord)
table tennis table	(N) bordtennisbord (bordtennisbord)
puck	(U) puck (puckar)

Technology

robot	(U) robot (robotar)
radio	(U) radio (radior)
loudspeaker	(U) högtalare (högtalare)
cable	(U) kabel (kablar)
plug	(U) stickkontakt (stickkontakter)
camera	(U) kamera (kameror)
MP3 player	(U) MP3-spelare (MP3-spelare)
CD player	(U) CD-spelare (CD-spelare)
DVD player	(U) DVD-spelare (DVD-spelare)
record player	(U) skivspelare (skivspelare)
camcorder	(U) videokamera (videokameror)
power	(U) el (el)
flat screen	(U) plattskärm (plattskärmar)
flash	(U) blixt (blixtar)
tripod	(N) stativ (stativ)
instant camera	(U) direktbildskamera (direktbildskameror)
generator	(U) generator (generatorer)
digital camera	(U) digitalkamera (digitalkameror)
walkie-talkie	(U) walkie-talkie (walkie-talkies)

Home

key	(U) **nyckel** (nycklar)
torch	(U) **ficklampa** (ficklampor)
candle	(N) **levande ljus** (levande ljus)
bottle	(U) **flaska** (flaskor)
tin	(U) **konservburk** (konservburkar)
vase	(U) **vas** (vaser)
present (gift)	(U) **present** (presenter)
match	(U) **tändsticka** (tändstickor)
lighter	(U) **tändare** (tändare)
key chain	(U) **nyckelring** (nyckelringar)
water bottle	(U) **vattenflaska** (vattenflaskor)
thermos jug	(U) **termos** (termosar)
rubber band	(N) **gummiband** (gummiband)
birthday party	(U) **födelsedagsfest** (födelsedagsfester)
birthday cake	(U) **födelsedagstårta** (födelsedagstårtor)
pushchair	(U) **barnvagn** (barnvagnar)
soother	(U) **napp** (nappar)
baby bottle	(U) **nappflaska** (nappflaskor)
hot-water bottle	(U) **varmvattenflaska** (varmvattenflaskor)
rattle	(U) **skallra** (skallror)
family picture	(U) **familjebild** (familjebilder)
jar	(U) **glasburk** (glasburkar)
bag	(U) **påse** (påsar)
package	(N) **paket** (paket)
plastic bag	(U) **plastpåse** (plastpåsar)
picture frame	(U) **tavelram** (tavelramar)

Games

doll	(U) **docka** (dockor)

dollhouse	(N) **dockhus** (dockhus)
puzzle	(N) **pussel** (pussel)
dominoes	(U) **domino** (domino)
Monopoly	(N) **monopol** (monopol)
Tetris	(N) **tetris** (tetris)
bridge	(U) **bridge** (bridge)
darts	(U) **dart** (dart)
card game	(N) **kortspel** (kortspel)
board game	(N) **brädspel** (brädspel)
backgammon	(U) **backgammon** (backgammon)
draughts	(N) **damspel** (damspel)

Others

cigarette	(U) **cigarett** (cigaretter)
cigar	(U) **cigarr** (cigarrer)
compass	(U) **kompass** (kompasser)
angel	(U) **ängel** (änglar)

Phrases

Personal

I	jag
you (singular)	du
he	han
she	hon
we	vi
you (plural)	ni
they	de/dem
my dog	min hund
your cat	din katt
her dress	hennes klänning
his car	hans bil
our home	vårt hem
your team	ditt lag
their company	deras företag
everybody	alla
together	tillsammans
other	andra

Common

and	och
or	eller
very	väldigt
all	alla
none	ingen
that	det där
this	det här
not	inte
more	mer

most	mest
less	mindre
because	eftersom
but	men
already	redan
again	igen
really	verkligen
if	om
although	även om
suddenly	plötsligt
then	sedan
actually	faktiskt
immediately	omedelbart
often	ofta
always	alltid
every	varje

Phrases

hi	hej
hello	hallå
good day	god dag
bye bye	hej hej
good bye	hej då
see you later	ses sen
please	är du snäll
thank you	tack
sorry	förlåt
no worries	inga problem
don't worry	oroa dig inte
take care	ta hand om dig
ok	ok
cheers	skål

welcome	välkommen
excuse me	ursäkta mig
of course	självklart
I agree	jag håller med
relax	slappna av
doesn't matter	spelar ingen roll
I want this	jag vill ha det här
Come with me	följ med mig
go straight	gå rakt fram
turn left	sväng vänster
turn right	sväng höger

Questions

who	vem
where	var
what	vad
why	varför
how	hur
which	vilken
when	när
how many?	hur många?
how much?	hur mycket?
How much is this?	Hur mycket kostar det här?
Do you have a phone?	Har du en telefon?
Where is the toilet?	Var är toaletten?
What's your name?	Vad heter du?
Do you love me?	Älskar du mig?
How are you?	Hur mår du?
Are you ok?	Är du ok?
Can you help me?	Kan du hjälpa mig?

Sentences

I like you	Jag gillar dig
I love you	Jag älskar dig
I miss you	Jag saknar dig
I don't like this	Jag gillar inte det här
I have a dog	Jag har en hund
I know	jag vet
I don't know	jag vet inte
I don't understand	Jag förstår inte
I want more	Jag vill ha mer
I want a cold coke	Jag vill ha en kall cola
I need this	Jag behöver det här
I want to go to the cinema	Jag vill gå på bio
I am looking forward to seeing you	Jag ser fram emot att träffa dig
Usually I don't eat fish	Jag äter vanligtvis inte fisk
You definitely have to come	Du måste verkligen komma
This is quite expensive	Det här är ganska dyrt
Sorry, I'm a little late	Förlåt att jag är lite sen
My name is David	Jag heter David
I'm David, nice to meet you	Jag heter David, trevligt att träffas
I'm 22 years old	Jag är 22 år gammal
This is my girlfriend Anna	Det här är min flickvän Anna
Let's watch a film	Ska vi kolla på film
Let's go home	Vi går hem
My telephone number is one four three two eight seven five four three	Mitt telefonnummer är ett fyra tre två åtta sju fem fyra tre
My email address is david at pinhok dot com	Min e-postadress är david snabel-a pinhok punkt com
Tomorrow is Saturday	Imorgon är det lördag
Silver is cheaper than gold	Silver är billigare än guld

Gold is more expensive than silver

Guld är dyrare än silver

English - Swedish

A

above: ovan
acacia: (U) akacia (akacia)
accident: (U) olycka (olyckor)
accordion: (N) dragspel (dragspel)
accountant: (U) bokhållare (bokhållare)
accounting: (U) bokföring (bokföringar)
account number: (N) kontonummer (kontonummer)
Achilles tendon: (U) hälsena (hälsenor)
actinium: (N) aktinium (aktinium)
actor: (U) skådespelare (skådespelare)
actually: faktiskt
acupuncture: (U) akupunktur (akupunkturer)
addition: (U) addition (additioner)
address: (U) adress (adresser)
adhesive tape: (U) tejp (tejper)
advertisement: (U) reklam (reklamer)
aerobics: aerobics (aerobics)
Afghanistan: Afghanistan
afternoon: (U) eftermiddag (eftermiddagar)
aftershave: (U) aftershave (aftershave)
again: igen
airbag: (U) airbag (airbags)
air conditioner: (U) luftkonditionering (luftkonditioneringar)
aircraft carrier: (N) hangarfartyg (hangarfartyg)
airline: (N) flygbolag (flygbolag)
air mattress: (U) luftmadrass (luftmadrasser)
airport: (U) flygplats (flygplatser)
air pressure: (N) lufttryck (lufttryck)
air pump: (U) luftpump (luftpumpar)
air traffic controller: (U) flygledare (flygledare)
aisle: (U) gång (gångar)
alarm clock: (U) väckarklocka (väckarklockor)
Albania: Albanien
Algeria: Algeriet
all: alla
allergy: (U) allergi (allergier)
alley: (U) gränd (gränder)
almond: (U) mandel (mandlar)
alphabet: (N) alfabet (alfabet)
already: redan
although: även om
aluminium: (N) aluminium (aluminium)
always: alltid
Amazon: Amazon
ambulance: (U) ambulans (ambulanser)
American football: Amerikansk fotboll
American Samoa: Amerikanska Samoa
americium: (N) americium (americium)
amount: (N) belopp (belopp)
ampere: (U) ampere (ampere)
anchor: (N) ankare (ankare), (N) nyhetsankare (nyhetsankare)

and: och
Andes: Anderna
Andorra: Andorra
angel: (U) ängel (änglar)
angle: (U) vinkel (vinklar)
Angola: Angola
angry: arg (argt, arga)
ankle: (U) vrist (vrister)
anorak: (U) anorak (anoraks)
answer: att svara (svarad - svarade - svarat)
ant: (U) myra (myror)
ant-eater: (U) myrslok (myrslokar)
antibiotics: (N) antibiotikum (antibiotika)
antifreeze fluid: (N) frostskyddsmedel (frostskyddsmedel)
Antigua and Barbuda: Antigua och Barbuda
antimony: (N) antimon (antimon)
antiseptic: (N) antiseptikum (antiseptika)
antiwrinkle cream: (U) antirynkkräm (antirynkkrämer)
anus: (N) anus (anus)
apartment: (U) lägenhet (lägenheter)
apostrophe: (U) apostrof (apostrof)
app: (U) app (appar)
appendix: (U) blindtarm (blindtarmar)
apple: (N) äpple (äpplen)
apple juice: (U) äppeljuice (äppeljuicer)
apple pie: (U) äppelpaj (äppelpajer)
appointment: (U) avtalad tid (avtalade tider)
apprentice: (U) lärling (lärlingar)
apricot: (U) aprikos (aprikoser)
April: (U) april (april)
aquarium: (N) akvarium (akvarier)
Arabic: (U) arabiska (arabiska)
archery: bågskytte
architect: (U) arkitekt (arkitekter)
area: (U) area (areor)
Are you ok?: Är du ok?
Argentina: Argentina
argon: (N) argon (argon)
argue: att bråka (bråkar - bråkade - bråkat)
arithmetic: (U) aritmetik (aritmetik)
arm: (U) arm (armar)
Armenia: Armenien
aromatherapy: (U) aromaterapi (aromaterapier)
arrival: (U) ankomst (ankomster)
arsenic: (U) arsenik (arsenik)
art: (U) konst (konst)
artery: (U) artär (artärer)
art gallery: (N) konstgalleri (konstgallerier)
artichoke: (U) kronärtskocka (kronärtskockor)
article: (U) artikel (artiklar)
artist: (U) konstnär (konstnärer)
Aruba: Aruba
ash: (U) aska (askor)
ask: att fråga (frågar - frågade - frågat)
asphalt: (U) asfalt (asfalt)
aspirin: (U) aspirin (aspirin)
assistant: (U) assistent (assistenter)
astatine: (U) astat (astat)

asteroid: (U) asteroid (asteroider)
asthma: (U) astma (astma)
Atlantic Ocean: Atlanten
atmosphere: (U) atmosfär (atmosfärer)
atom: (U) atom (atomer)
atomic number: (N) atomnummer (atomnummer)
attack: att attackera (attackerar - attackerade - attackerat)
attic: (U) vind (vindar)
aubergine: (U) aubergine (auberginer)
audience: (U) publik (publiker)
August: (U) augusti (augusti)
aunt: (U) moster/faster (mostrar/fastrar)
aurora: (N) norrsken (norrsken)
Australia: Australien
Australian football: Australisk fotboll
Austria: Österrike
author: (U) författare (författare)
automatic: (U) automatisk växling (automatiska växlingar)
autumn: (U) höst (höstar)
avenue: (U) aveny (avenyer)
avocado: (U) avokado (avokado)
axe: (U) yxa (yxor)
Azerbaijan: Azerbajdzjan

B

baby: (U) bebis (bebisar)
baby bottle: (U) nappflaska (nappflaskor)
baby monitor: (U) babyvakt (babyvakter)
bachelor: (U) kandidatexamen (kandidatexamina)
back: (U) rygg (ryggar), bak
backgammon: (U) backgammon (backgammon)
backpack: (U) ryggsäck (ryggsäckar)
back seat: (N) baksäte (baksäten)
bacon: (N) bacon (bacon)
bacterium: (U) bakterie (bakterier)
bad: ond (ont, onda)
badminton: badminton
bag: (U) påse (påsar)
Bahrain: Bahrain
bake: att baka (bakar - bakade - bakat)
baked beans: (U) bakad böna (bakade bönor)
baking powder: (N) bakpulver (bakpulver)
balcony: (U) balkong (balkonger)
bald head: flint (flint)
ballet: balett
ballet shoes: (U) balettsko (balettskor)
ball pen: (U) kulspetspenna (kulspetspennor)
Ballroom dance: (U) tiodans (tiodanser)
bamboo: (U) bambu (bambu)
banana: (U) banan (bananer)
bandage: (N) bandage (bandage)
Bangladesh: Bangladesh
bank account: (N) bankkonto (bankkonton)
bank transfer: (U) banköverföring (banköverföringar)
bar: (U) bar (barer)
Barbados: Barbados

barbecue: (N) grilla (grilla)
barbell: skivstång (skivstänger)
bar code: (U) streckkod (streckkoder)
bar code scanner: (U) streckkodsläsare (streckkodsläsare)
bargain: (N) fynd (fynd)
barium: (N) barium (barium)
barkeeper: (U) bartender (bartendrar)
barrette: (N) hårspänne (hårspännen)
baseball: baseboll
baseball cap: (U) baseballkeps (baseballkepsar)
basement: (U) källare (källare)
basil: (U) basilika (basilikor)
basin: (N) handfat (handfat)
basket: (U) korg (korgar), (U) basketkorg (basketkorgar)
basketball: basket , (U) basketboll (basketbollar)
bass guitar: (U) basgitarr (basgitarrer)
bassoon: (U) fagott (fagotter)
bat: (U) fladdermus (fladdermöss), (N) slagträ (slagträn)
bathrobe: (U) badrock (badrockar)
bathroom: (N) badrum (badrum)
bathroom slippers: (U) badtoffla (badtofflor)
bath towel: (U) badhandduk (badhanddukar)
bathtub: (N) badkar (badkar)
baton: (U) batong (batonger)
battery: (N) batteri (batterier)
beach: (U) sandstrand (sandstränder)
beach volleyball: beachvolleyboll
bean: (U) böna (bönor)
bear: (U) björn (björnar)
beard: (N) skägg (skägg)
beautiful: vacker (vackert, vackra)
because: eftersom
bed: (U) säng (sängar)
bedroom: (N) sovrum (sovrum)
bedside lamp: (U) sänglampa (sänglampor)
bee: (N) bi (bin)
beech: (U) bok (bokar)
beef: (N) nötkött (nötkött)
beer: (U) öl (öl)
behaviour therapy: (U) beteendeterapi (beteendeterapier)
beige: beige (beigt, beiga)
Beijing duck: (U) Pekinganka (Pekingankor)
Belarus: Vitryssland
Belgium: Belgien
Belize: Belize
bell: (U) ringklocka (ringklockor)
belly: (U) mage (magar)
belly button: (U) navel (navlar)
below: under
belt: (N) bälte (bälten)
bench: (U) bänk (bänkar)
bench press: bänkpress (bänkpressar)
Benin: Benin
berkelium: (N) berkelium (berkelium)
beryllium: (N) beryllium (beryllium)
beside: bredvid
bet: att tippa (tippar - tippade - tippat)
Bhutan: Bhutan

biathlon: skidskytte
bib: (U) haklapp (haklappar)
bicycle: (U) cykel (cyklar)
big: stor (stort, stora)
big brother: (U) storebror (storebröder)
big sister: (U) storasyster (storasystrar)
bikini: (U) bikini (bikinis)
bill: (U) räkning (räkningar)
billiards: biljard
biology: (U) biologi (biologi)
birch: (U) björk (björkar)
birth: (U) födelse (födelser)
birth certificate: (N) födelsebevis (födelsebevis)
birth control pill: (N) p-piller (p-piller)
birthday: (U) födelsedag (födelsedagar)
birthday cake: (U) födelsedagstårta (födelsedagstårtor)
birthday party: (U) födelsedagsfest (födelsedagsfester)
biscuit: (N) kex (kex)
bismuth: (U) vismut (vismut)
bison: (U) bisonoxe (bisonoxar)
bite: att bita (biter - bet - bitit), (N) bitsår (bitsår)
black: svart (svart, svarta)
blackberry: (N) björnbär (björnbär)
blackboard: (U) svarta tavlan (svarta tavlor)
black hole: (N) svart hål (svarta hål)
Black Sea: Svarta havet
black tea: (N) svart te (svart te)
bladder: (U) urinblåsa (urinblåsor)
blanket: (U) filt (filtar)
blazer: (U) blazer (blazer)
blind: blind (blint, blinda), (U) rullgardin (rullgardiner)
blond: blond
blood test: (N) blodprov (blodprover)
bloody: blodig (blodigt, blodiga)
blossom: (U) blomning (blomningar)
blue: blå (blått, blåa)
blueberry: (N) blåbär (blåbär)
blues: (U) blues (blues)
board game: (N) brädspel (brädspel)
bobsleigh: bob
bodybuilding: bodybuilding
bodyguard: (U) livvakt (livvakter)
body lotion: (U) kroppslotion (kroppslotion)
bohrium: (N) bohrium (bohrium)
boil: att koka (kokar - kokade - kokat)
boiled: kokt (kokt, kokta)
boiled egg: (N) kokt ägg (kokta ägg)
Bolivia: Bolivia
bone: (N) ben (ben)
bone marrow: (U) benmärg (benmärg)
bonnet: (U) motorhuv (motorhuvar)
book: (U) bok (böcker)
booking: (U) bokning (bokningar)
bookshelf: (U) bokhylla (bokhyllor)
bookshop: (U) bokhandel (bokhandlar)
boring: tråkig (tråkigt, tråkiga)
boron: (N) bor (bor)
Bosnia: Bosnien

bosom: (U) barm (barmar)
botanic garden: (U) botanisk trädgård (botaniska trädgårdar)
Botswana: Botswana
bottle: (U) flaska (flaskor)
bottom: (U) rumpa (rumpor)
bowl: (U) skål (skålar)
bowling: bowling
bowling ball: (N) bowlingklot (bowlingklot)
bow tie: (U) fluga (flugor)
boxing: boxning
boxing glove: (U) boxningshandske (boxningshandskar)
boxing ring: (U) boxningsring (boxningsringar)
boy: (U) pojke (pojkar)
boyfriend: (U) pojkvän (pojkvänner)
bra: (U) BH (BH:ar)
bracelet: (N) armband (armband)
brain: (U) hjärna (hjärnor)
brake: (U) broms (bromsar)
brake light: (N) bromsljus (bromsljus)
branch: (U) gren (grenar)
brandy: (U) konjak (konjaker)
brave: modig (modigt, modiga)
Brazil: Brasilien
bread: (N) bröd (bröd)
breakdance: breakdance
breakfast: (U) frukost (frukostar)
breastbone: (N) bröstben (bröstben)
breathe: att andas (andas - andades - andats)
brick: (U) tegelsten (tegelstenar)
bride: (U) brud (brudar)
bridge: (U) brygga (bryggor), (U) bridge (bridge)
briefcase: (U) portfölj (portföljer)
broad: bred (brett, breda)
broccoli: (U) broccoli (broccoli)
bromine: (U) brom (brom)
bronze medal: (U) bronsmedalj (bronsmedaljer)
brooch: (U) brosch (broscher)
broom: (U) kvast (kvastar)
brother-in-law: (U) svåger (svågrar)
brown: brun (brunt, bruna)
brownie: (U) brownie (brownies)
browser: (U) webbläsare (webbläsare)
bruise: (N) blåmärke (blåmärken)
Brunei: Brunei
brunette: brunett
brush: (U) pensel (penslar), (U) borste (borstar)
Brussels sprouts: (U) brysselkål (brysselkål)
bucket: (U) hink (hinkar)
buffalo: (U) buffel (bufflar)
buffet: (U) buffé (bufféer)
bug: (U) skalbagge (skalbaggar)
Bulgaria: Bulgarien
bull: (U) tjur (tjurar)
bulletin board: (U) anslagstavla (anslagstavlor)
bumblebee: (U) humla (humlor)
bumper: (U) stötfångare (stötfångare)
bungee jumping: bungyjump
bunk bed: (U) våningssäng (våningssängar)

burger: (U) hamburgare (hamburgare)
Burkina Faso: Burkina Faso
Burma: Burma
burn: att brinna (brinner - brann - brunnit), (N) brännsår (brännsår)
Burundi: Burundi
bus: (U) buss (bussar)
bus driver: (U) busschaufför (busschaufförer)
bush: (U) buske (buskar)
business card: (N) visitkort (visitkort)
business class: (U) affärsklass (affärsklasser)
business dinner: (U) affärsmiddag (affärsmiddagar)
business school: (U) handelshögskola (handelshögskolor)
business trip: (U) affärsresa (affärsresor)
bus stop: (U) busshållplats (busshållplatser)
busy: upptagen (upptaget, upptagna)
but: men
butcher: (U) slaktare (slaktare)
butter: (N) smör (smör)
buttercup: (U) smörblomma (smörblommor)
butterfly: (U) fjäril (fjärilar)
buttermilk: (U) kärnmjölk (kärnmjölk)
button: (U) knapp (knappar)
buy: att köpa (köper - köpte - köpt)
bye bye: hej hej

C

cabbage: (U) kål (kål)
cabin: (U) kabin (kabiner)
cable: (U) kabel (kablar)
cable car: (U) linbana (linbanor)
cactus: (U) kaktus (kaktusar)
cadmium: (N) kadmium (kadmium)
caesium: (N) cesium (cesium)
cake: (U) tårta (tårtor)
calcite: (U) kalcit (kalciter)
calcium: (N) kalcium (kalcium)
calculate: att räkna ut (räknar ut - räknade ut - räknat ut)
calendar: (U) kalender (kalendrar)
californium: (N) californium (californium)
call: att ringa (ringer - ringde - ringt)
Cambodia: Kambodja
camcorder: (U) videokamera (videokameror)
camel: (U) kamel (kameler)
camera: (U) kamera (kameror)
camera operator: (U) kameraoperatör (kameraoperatörer)
Cameroon: Kamerun
campfire: (U) lägereld (lägereldar)
camping: (U) camping (campingar)
camping site: (U) campingplats (campingplatser)
Canada: Kanada
cancer: (U) cancer (cancer)
candle: (N) levande ljus (levande ljus)
candy: (N) godis (godis)
candy floss: (U) sockervadd (sockervadd)
canoe: (U) kanot (kanoter)
canoeing: kanotsport

canteen: (U) matsal (matsalar)
canyon: (U) kanjon (kanjoner)
Can you help me?: Kan du hjälpa mig?
Cape Verde: Kap Verde
capital: (U) huvudstad (huvudstäder)
cappuccino: (U) cappuccino (cappuccino)
capsule: (U) kapsel (kapslar)
captain: (U) kapten (kaptener)
car: (U) bil (bilar)
caramel: (U) kola (kolor)
caravan: (U) husvagn (husvagnar)
carbon: (N) kol (kol)
carbon dioxide: (U) koldioxid (koldioxider)
carbon monoxide: (U) kolmonoxid (kolmonoxider)
card game: (N) kortspel (kortspel)
cardigan: (U) cardigan (cardigans)
cardiology: (U) kardiologi
cargo aircraft: (N) fraktflygplan (fraktflygplan)
caricature: (U) karikatyr (karikatyrer)
caries: (U) karies (karies)
carousel: (U) karusell (karuseller)
car park: (U) parkering (parkeringar)
carpenter: (U) snickare (snickare)
carpet: (U) matta (mattor)
car racing: bilracing
carrot: (U) morot (morötter)
carry: att bära (bär - bar - burit)
carry-on luggage: (N) handbagage (handbagage)
cartilage: (N) brosk (brosk)
cartoon: (N) tecknat (tecknat)
car wash: (U) biltvätt (biltvättar)
case: (N) mål (mål)
cashew: (U) cashew (cashewer)
cashier: (U) kassör (kassörer)
cash machine: (U) bankomat (bankomater)
cash register: (U) kassaapparat (kassaapparater)
casino: (N) kasino (kasinon)
cast: (U) ensemble (ensembler), (N) gips (gips)
castle: (N) slott (slott)
cat: (U) katt (katter)
catch: att fånga (fångar - fångade - fångat)
caterpillar: (U) fjärilslarv (fjärilslarver)
cathedral: (U) katedral (katedraler)
catheter: (U) kateter (katetrar)
cauliflower: (U) blomkål (blomkåler)
cave: (U) grotta (grottor)
Cayman Islands: Caymanöarna
CD player: (U) CD-spelare (CD-spelare)
ceiling: (N) tak (tak)
celebrate: att fira (firar - firade - firat)
celery: (U) selleri (selleri)
cello: (U) cello (cellos)
cement: (U) cement (cement)
cement mixer: (U) cementblandare (cementblandare)
cemetery: (U) kyrkogård (kyrkogårdar)
centigrade: Celsius
centimeter: (U) centimeter (centimeter)
Central African Republic: Centralafrikanska republiken

central business district (CBD): (N) centralt affärsdistrikt (centrala affärsdistrikt)
central processing unit (CPU): (U) processor (processorer)
century: (N) århundrade (århundraden)
cereal: (U) flinga (flingor)
cerium: (N) cerium (cerium)
cesarean: (N) kejsarsnitt (kejsarsnitt)
cha-cha: (U) cha-cha (cha-cha)
Chad: Tchad
chain: (U) kedja (kedjor)
chainsaw: (U) motorsåg (motorsågar)
chair: (U) stol (stolar)
chairman: (U) ordförande (ordförande)
chalk: (U) krita (kritor)
chameleon: (U) kameleont (kameleonter)
champagne: (U) champagne (champagne)
changing room: (N) omklädningsrum (omklädningsrum)
channel: (U) kanal (kanaler)
character: (N) tecken (tecken)
chat: (U) chatt (chattar)
cheap: billig (billigt, billiga)
check-in desk: (U) incheckningsdisk (incheckningsdiskar)
cheek: (U) kind (kinder)
cheerleader: (U) cheerleader (cheerleaders)
cheers: skål
cheese: (U) ost (ostar)
cheeseburger: (U) ostburgare (ostburgare)
cheesecake: (U) cheesecake (cheesecakes)
cheetah: (U) gepard (geparder)
chemical compound: (U) kemisk förening (kemiska föreningar)
chemical reaction: (U) kemisk reaktion (kemiska reaktioner)
chemical structure: (U) kemisk struktur (kemiska strukturer)
chemist: (U) kemist (kemister)
chemistry: (U) kemi (kemi)
cheque: (U) check (checkar)
cherry: (N) körsbär (körsbär)
chess: schack
chest: (N) bröst (bröst)
chewing gum: (N) tuggummi (tuggummin)
chick: (U) kyckling (kycklingar)
chicken: (U) kyckling (kycklingar), (N) kycklingkött (kycklingkött)
chicken nugget: (U) kyckling nugget (kyckling nuggets)
chickenpox: (N) vattkoppor (vattkoppor)
chicken wings: (U) kycklingvinge (kycklingvingar)
child: (N) barn (barn)
child seat: (U) bilbarnstol (bilbarnstolar)
Chile: Chile
chili: (U) chili (chilis)
chimney: (U) skorsten (skorstenar)
chin: (U) haka (hakor)
China: Kina
Chinese medicine: (U) kinesisk medicin (kinesiska mediciner)
chips: (N) chips (chips)
chiropractor: (U) kiropraktor (kiropraktorer)
chive: (U) gräslok (gräslökar)
chlorine: (N) klor (klor)
chocolate: (U) choklad (choklader)
chocolate cream: (U) chokladkräm (chokladkrämer)
choose: att välja (väljer - valde - valt)

chopping board: (U) skärbräda (skärbrädor)
chopstick: (U) ätpinne (ätpinnar)
Christmas: (U) jul (jular)
chromium: (N) krom (krom)
chubby: knubbig (knubbigt, knubbiga)
church: (U) kyrka (kyrkor)
cider: (U) cider (cider)
cigar: (U) cigarr (cigarrer)
cigarette: (U) cigarett (cigaretter)
cinema: (U) bio (bio)
cinnamon: (U) kanel (kanel)
circle: (U) cirkel (cirklar)
circuit training: cirkelträning (cirkelträningar)
clarinet: (U) klarinett (klarinetter)
classical music: (U) klassisk musik (klassisk musik)
classic car: (U) klassisk bil (klassiska bilar)
clay: (U) lera (leror)
clean: ren (rent, rena), att städa (städar - städade - städat)
cleaner: (U) städare (städare)
clef: (U) klav (klaver)
clever: smart (smart, smarta)
cliff: (U) klippa (klippor)
cliff diving: klippdykning
climb: att klättra (klättrar - klättrade - klättrat)
climbing: klättring
clinic: (U) klinik (kliniker)
clipboard: (U) skrivplatta (skrivplattor)
clitoris: (U) klitoris (klitoris)
clock: (U) klocka (klockor)
close: nära , att stänga (stänger - stängde - stängt)
cloud: (N) moln (moln)
cloudy: molnig (molnigt, molniga)
clover: (U) klöver (klövrar)
clutch: (U) koppling (kopplingar)
coach: (U) tränare (tränare)
coal: (N) kol (kol)
coast: (U) kust (kuster)
coat: (U) rock (rockar)
cobalt: (U) kobolt (kobolt)
cockerel: (U) ungtupp (ungtuppar)
cockpit: (U) förarkabin (förarkabiner)
cocktail: (U) cocktail (cocktails)
coconut: (U) kokosnöt (kokosnötter)
coffee: (N) kaffe (kaffe)
coffee machine: (U) kaffemaskin (kaffemaskiner)
coffee table: (N) soffbord (soffbord)
coffin: (U) kista (kistor)
coin: (N) mynt (mynt)
coke: (U) cola (cola)
cold: kall (kallt, kalla), (U) förkylning (förkylningar)
collar: (U) krage (kragar)
collarbone: (N) nyckelben (nyckelben)
colleague: (U) kollega (kollegor)
Colombia: Colombia
colon: (U) tjocktarm (tjocktarmar), (N) kolon (kolon)
colony: (U) koloni (kolonier)
coloured pencil: (U) färgpenna (färgpennor)
comb: (U) kam (kammar)

combine harvester: (U) skördetröska (skördetröskor)
come: att komma (kommer - kom - kommit)
comedy: (U) komedi (komedier)
comet: (U) komet (kometer)
Come with me: följ med mig
comic book: (U) serietidning (serietidningar)
comma: (N) komma (komman)
commentator: (U) kommentator (kommentatorer)
Comoros: Komorerna
compass: (U) kompass (kompasser)
concealer: (U) concealer (concealer)
concert: (U) konsert (konserter)
concrete: (U) betong (betong)
concrete mixer: (U) betongblandare (betongblandare)
concussion: (U) hjärnskakning (hjärnskakningar)
condom: (U) kondom (kondomer)
conductor: (U) konduktör (konduktörer), (U) dirigent (dirigenter)
cone: (U) kon (koner)
construction site: (U) byggarbetsplats (byggarbetsplatser)
construction worker: (U) byggarbetare (byggarbetare)
consultant: (U) konsult (konsulter)
contact lens: (U) kontaktlins (kontaktlinser)
container: (U) container (containrar)
container ship: (N) containerfartyg (containerfartyg)
content: (N) innehåll (innehåll)
continent: (U) kontinent (kontinenter)
control tower: (N) kontrolltorn (kontrolltorn)
cook: att tillaga (tillagar - tillagade - tillagat), (U) kock (kockar)
cooker: (U) spis (spisar)
cooker hood: (U) spisfläkt (spisfläktar)
cookie: (U) kaka (kakor)
Cook Islands: Cooköarna
cool: häftig (häftigt, häftiga)
copernicium: (N) copernicium (copernicium)
copper: (U) koppar (koppar)
copy: att kopiera (kopierar - kopierade - kopierat)
coral reef: (N) korallrev (korallrev)
coriander: (U) koriander (koriander)
corkscrew: (U) korkskruv (korkskruvar)
corn: (U) majs (majs)
corn oil: (U) majsolja (majsoljor)
corpse: (N) lik (lik)
correct: rätt (rätt, rätta)
corridor: (U) korridor (korridorer)
Costa Rica: Costa Rica
cotton: (U) bomull (bomull)
cough: (U) hosta (hostor)
cough syrup: (U) hostmedicin (hostmediciner)
count: att räkna (räknar - räknade - räknat)
country: (N) land (länder)
courgette: (U) zucchini (zucchinis)
court: (U) domstol (domstolar)
cousin: (U) kusin (kusiner)
cow: (U) ko (kor)
crab: (U) krabba (krabbor)
cramp: (U) kramp (kramper)
cranberry: (N) tranbär (tranbär)
crane: (U) lyftkran (lyftkranar)

crane truck: (U) kranbil (kranbilar)
crater: (U) krater (kratrar)
crawl: att krypa (kryper - kröp - krupit)
crazy: galen (galet, galna)
cream: (U) grädde (grädde), (U) kräm (krämer)
credit card: (N) kreditkort (kreditkort)
cricket: (U) syrsa (syrsor), cricket
criminal: (U) kriminell (kriminella)
Croatia: Kroatien
crocodile: (U) krokodil (krokodiler)
croissant: (U) croissant (croissanter)
cross-country skiing: längdskidåkning
cross trainer: crosstrainer (crosstrainer)
crosswords: (N) korsord (korsord)
crow: (U) kråka (kråkor)
crown: (U) krona (kronor)
cruise ship: (N) kryssningsfartyg (kryssningsfartyg)
crutch: (U) krycka (kryckor)
cry: att gråta (gråter - grät - gråtit)
crêpe: (U) crêpe (crêpes)
CT scanner: (U) datortomografi (datortomografier)
Cuba: Kuba
cube: (U) kub (kuber)
cubic meter: (U) kubikmeter (kubikmeter)
cucumber: (U) gurka (gurkor)
cuddly toy: (N) gosedjur (gosedjur)
cue: (U) kö (köer)
cup: (U) mugg (muggar), (U) kopp (koppar), (U) pokal (pokaler)
cupboard: (N) skåp (skåp)
curium: (N) curium (curium)
curling: curling
curling iron: (U) locktång (locktänger)
curly: lockig
currant: (N) vinbär (vinbär)
curry: (U) curry (curry)
curtain: (U) gardin (gardiner)
curve: (U) kurva (kurvor)
custard: (U) vaniljsås (vaniljsåser)
customer: (U) kund (kunder)
customs: (U) tull (tullar)
cut: att skära (skär - skar - skurit)
cute: söt (sött, söta)
cutlery: (N) bestick (bestick)
cycling: cykling
cylinder: (U) cylinder (cylindrar)
cymbals: (U) cymbal (cymbaler)
Cyprus: Cypern
Czech Republic: Tjeckien

D

dad: (U) pappa (pappor)
daffodil: (U) påsklilja (påskliljor)
daisy: (U) prästkrage (prästkragar)
dam: (U) damm (dammar)
dancer: (U) dansare (dansare)
dancing: dans

dancing shoes: (U) danssko (dansskor)
dandelion: (U) maskros (maskrosor)
dandruff: (N) mjäll (mjäll)
dark: mörk (mörkt, mörka)
darmstadtium: (N) darmstadtium (darmstadtium)
darts: (U) dart (dart)
dashboard: (U) instrumentbräda (instrumentbrädor)
database: (U) databas (databaser)
date: (U) dadel (dadlar)
daughter: (U) dotter (döttrar)
daughter-in-law: (U) svärdotter (svärdöttrar)
day: (U) dag (dagar)
deaf: döv (dövt, döva)
death: (U) död (döda)
decade: (N) årtionde (årtionden)
December: (U) december (december)
decimeter: (U) decimeter (decimeter)
deck: (N) däck (däck)
deck chair: (U) solstol (solstolar)
deep: djup (djupt, djupa)
deer: (N) rådjur (rådjur)
defend: att försvara (försvarar - försvarade - försvarat)
defendant: (U) svarande (svarande)
degree: (U) examen (examina)
deliver: att leverera (levererar - levererade - levererat)
delivery: (U) förlossning (förlossningar)
Democratic Republic of the Congo: Kongo-Kinshasa
Denmark: Danmark
denominator: (U) nämnare (nämnare)
dental brace: (U) tandställning (tandställningar)
dental filling: (U) tandfyllning (tandfyllningar)
dental prostheses: (U) tandprotes (tandproteser)
dentist: (U) tandläkare (tandläkare)
department: (U) avdelning (avdelningar)
departure: (U) avgång (avgångar)
dermatology: (U) dermatologi
desert: (U) öken (öknar)
designer: (U) designer (designer)
desk: (N) skrivbord (skrivbord), (U) skolbänk (skolbänkar)
dessert: (U) efterrätt (efterrätter)
detective: (U) detektiv (detektiver)
diabetes: (U) diabetes (diabetes)
diagonal: (U) diagonal (diagonaler)
diamond: (U) diamant (diamanter)
diaper: (U) blöja (blöjor)
diaphragm: (U) diafragma (diafragmor)
diarrhea: (U) diarré (diarréer)
diary: (U) dagbok (dagböcker)
dictionary: (U) ordbok (ordböcker)
die: att dö (dör - dog - dött)
diesel: (U) diesel (diesel)
difficult: svår (svårt, svåra)
dig: att gräva (gräver - grävde - grävt)
digital camera: (U) digitalkamera (digitalkameror)
dill: (U) dill (dill)
dimple: (U) skrattgrop (skrattgropar)
dim sum: (U) dim sum (dim sum)
dinner: (U) middag (middagar)

dinosaur: (U) dinosaurie (dinosaurier)
diploma: (N) diplom (diplom)
director: (U) företagsledare (företagsledare), (U) regissör (regissörer)
dirty: smutsig (smutsigt, smutsiga)
discus throw: diskuskastning
dishwasher: (U) diskmaskin (diskmaskiner)
district: (N) distrikt (distrikt)
dividend: (U) utdelning (utdelningar)
diving: simhopp , dykning
diving mask: (U) dykmask (dykmasker)
division: (U) division (divisioner)
divorce: (U) skilsmässa (skilsmässor)
DJ: (U) DJ (DJ:ar)
Djibouti: Djibouti
doctor: (U) läkare (läkare)
doesn't matter: spelar ingen roll
dog: (U) hund (hundar)
doll: (U) docka (dockor)
dollar: (U) dollar (dollar)
dollhouse: (N) dockhus (dockhus)
dolphin: (U) delfin (delfiner)
Dominica: Dominica
Dominican Republic: Dominikanska republiken
dominoes: (U) domino (domino)
don't worry: oroa dig inte
donkey: (U) åsna (åsnor)
door: (U) dörr (dörrar)
door handle: (N) dörrhandtag (dörrhandtag)
dorm room: (U) sovsal (sovsalar)
dosage: (U) dosering (doseringar)
double bass: (U) kontrabas (kontrabasar)
double room: (N) dubbelrum (dubbelrum)
doughnut: (U) munk (munkar)
Do you love me?: Älskar du mig?
dragonfly: (U) trollslända (trollsländor)
draughts: (N) damspel (damspel)
drawer: (U) låda (lådor)
drawing: (U) teckning (teckningar)
dreadlocks: (U) dreadlocks (dreadlocks)
dream: att drömma (drömmer - drömde - drömt)
dress: (U) klänning (klänningar)
dress size: (U) klädstorlek (klädstorlekar)
dried fruit: (U) torkad frukt (torkade frukter)
drill: att borra (borrar - borrade - borrat)
drilling machine: (U) borrmaskin (borrmaskiner)
drink: att dricka (dricker - drack - druckit)
drums: (U) trumma (trummor)
drunk: full (fullt, fulla)
dry: torr (torrt, torra), att torka (torkar - torkade - torkat)
dubnium: (N) dubnium (dubnium)
duck: (U) anka (ankor)
dumbbell: hantel (hantlar)
dumpling: (U) klimp (klimpar)
duodenum: (U) tolvfingertarm (tolvfingertarmar)
DVD player: (U) DVD-spelare (DVD-spelare)
dyed: färgad
dysprosium: (N) dysprosium (dysprosium)

E

e-mail: (U) e-post (e-post)
e-mail address: (U) e-postadress (e-postadresser)
eagle: (U) örn (örnar)
ear: (N) öra (öron)
earn: att tjäna (tjänar - tjänade - tjänat)
earphone: (U) hörlur (hörlurar)
earplug: (U) öronpropp (öronproppar)
earring: (N) örhänge (örhängen)
earth: (U) jorden
earth's core: (U) jordens kärna (jordens kärnor)
earth's crust: (U) jordskorpan (jordskorpor)
earthquake: (U) jordbävning (jordbävningar)
east: öst
Easter: (U) påsk (påsk)
East Timor: Östtimor
easy: enkel (enkelt, enkla)
eat: att äta (äter - åt - ätit)
economics: (U) ekonomi (ekonomi)
economy class: (U) ekonomiklass (ekonomiklasser)
Ecuador: Ecuador
eczema: (N) eksem (eksem)
egg: (N) ägg (ägg)
egg white: (U) äggvita (äggvitor)
Egypt: Egypten
einsteinium: (N) einsteinium (einsteinium)
elbow: (U) armbåge (armbågar)
electric guitar: (U) elgitarr (elgitarrer)
electrician: (U) elektriker (elektriker)
electric iron: (N) strykjärn (strykjärn)
electric shock: (U) elchock (elchocker)
electron: (U) elektron (elektroner)
elephant: (U) elefant (elefanter)
elevator: (U) hiss (hissar)
elk: (U) älg (älgar)
ellipse: (U) ellips (ellipser)
El Salvador: El Salvador
embassy: (U) ambassad (ambassader)
embryo: (N) embryo (embryon)
emergency: (N) nödfall (nödfall)
emergency exit: (U) nödutgång (nödutgångar)
emergency room: (U) akut (akuter)
employee: (U) anställd (anställda)
employer: (U) arbetsgivare (arbetsgivare)
empty: tom (tomt, tomma)
endocrinology: (U) endokrinologi
energy drink: (U) energidryck (energidrycker)
engagement: (U) förlovning (förlovningar)
engagement ring: (U) förlovningsring (förlovningsringar)
engine: (U) motor (motorer)
engineer: (U) ingenjör (ingenjörer)
engine room: (N) maskinrum (maskinrum)
English: (U) engelska (engelska)
enjoy: att njuta av (njuter av - njöt av - njutit av)
entrepreneur: (U) entreprenör (entreprenörer)
envelope: (N) kuvert (kuvert)

epilepsy: (U) epilepsi (epilepsi)
episiotomy: (U) episiotomi (episiotomier)
equation: (U) ekvation (ekvationer)
equator: (U) ekvator (ekvatorer)
Equatorial Guinea: Ekvatorialguinea
erbium: (N) erbium (erbium)
Eritrea: Eritrea
espresso: (U) espresso (espresso)
essay: (U) uppsats (uppsatser)
Estonia: Estland
Ethiopia: Etiopien
eucalyptus: (U) eukalyptus (eukalyptus)
euro: (U) euro (euro)
europium: (N) europium (europium)
evening: (U) kväll (kvällar)
evening dress: (U) aftonklänning (aftonklänningar)
every: varje
everybody: alla
evidence: (N) bevis (bevis)
evil: ond (ont, onda)
exam: (N) prov (prov)
excavator: (U) grävmaskin (grävmaskiner)
exclamation mark: (N) utropstecken (utropstecken)
excuse me: ursäkta mig
exercise bike: motionscykel (motionscyklar)
exhaust pipe: (N) avgasrör (avgasrör)
expensive: dyr (dyrt, dyra)
expiry date: (N) utgångsdatum (utgångsdatum)
eye: (N) öga (ögon)
eyebrow: (N) ögonbryn (ögonbryn)
eyebrow pencil: (U) ögonbrynspenna (ögonbrynspennor)
eyelashes: (U) ögonfrans (ögonfransar)
eyeliner: (U) eyeliner (eyeliner)
eye shadow: (U) ögonskugga (ögonskuggor)

F

fabric: (N) tyg (tyg)
face cream: (U) ansiktskräm (ansiktskrämer)
face mask: (U) ansiktsmask (ansiktsmasker)
face powder: (N) ansiktspuder (ansiktspuder)
facial toner: (U) ansiktstoner (ansiktstoner)
factory: (U) fabrik (fabriker)
Fahrenheit: Fahrenheit
fail: att misslyckas (misslyckas - misslyckades - misslyckats)
faint: att svimma (svimmar - svimmade - svimmat)
fair: rättvis (rättvist, rättvisa)
fairground: (N) nöjesfält (nöjesfält)
falcon: (U) falk (falkar)
Falkland Islands: Falklandsöarna
fall: att falla (faller - föll - fallit)
family picture: (U) familjebild (familjebilder)
family therapy: (U) familjeterapi (familjeterapier)
fan: (U) fläkt (fläktar)
far: långt borta
fare: (N) biljettpris (biljettpriser)
farm: (U) bondgård (bondgårdar)

farmer: (U) bonde (bönder)
Faroe Islands: Färöarna
father: (U) far (fäder)
father-in-law: (U) svärfar (svärfäder)
fat meat: (N) fett kött (fett kött)
fax: (U) fax (faxar)
February: (U) februari (februari)
feed: att mata (matar - matade - matat)
fence: (N) staket (staket)
fencing: fäktning
feng shui: (U) feng shui (feng shui)
fennel: (U) fänkål (fänkål)
fermium: (N) fermium (fermium)
fern: (U) ormbunke (ormbunkar)
ferry: (U) färja (färjor)
feta: (U) fetaost (fetaostar)
fever: (U) feber (febrar)
fever thermometer: (U) febertermometer (febertermometrar)
few: få
fiancé: (U) fästman (fästmän)
fiancée: (U) fästmö (fästmör)
field hockey: landhockey
fifth floor: (U) femte våningen (femte våningar)
fig: (N) fikon (fikon)
fight: att slåss (slår - slogs - slagits)
figure skating: konståkning
Fiji: Fiji
file: (U) fil (filar)
filter: (N) filter (filter)
fin: (U) fena (fenor)
find: att hitta (hittar - hittade - hittat)
fine: (U) bot (böter)
finger: (N) finger (fingrar)
fingernail: (U) nagel (naglar)
fingerprint: (N) fingeravtryck (fingeravtryck)
Finland: Finland
fire: (U) eld (eldar), (U) brand (bränder)
fire alarm: (N) brandlarm (brandlarm)
fire extinguisher: (U) brandsläckare (brandsläckare)
firefighter: (U) brandman (brandmän)
firefighters: (U) brandkår (brandkårer)
fire station: (U) brandstation (brandstationer)
fire truck: (U) brandbil (brandbilar)
first: första (första)
first basement floor: (U) första källarvåningen (första källarvåningar)
first class: (U) första klass (första klasser)
first floor: (U) första våningen (första våningar)
fish: (U) fisk (fiskar), att fiska (fiskar - fiskade - fiskat)
fish and chips: (U) fish and chips (fish and chips)
fishbone: (N) fiskben (fiskben)
fisherman: (U) fiskare (fiskare)
fishing boat: (U) fiskebåt (fiskebåtar)
fish market: (U) fiskmarknad (fiskmarknader)
fist: (U) knytnäve (knytnävar)
fix: att laga (lagar - lagade - lagat)
flamingo: (U) flamingo (flamingor)
flash: (U) blixt (blixtar)
flat: platt (platt, platta)

flat screen: (U) plattskärm (plattskärmar)
flerovium: (N) flerovium (flerovium)
flip-flops: (U) flip-flops (flip-flops)
flip chart: (N) blädderblock (blädderblock)
flood: (U) översvämning (översvämningar)
floor: (N) golv (golv)
florist: (U) blomsterhandlare (blomsterhandlare)
flour: (N) mjöl (mjöl)
flower: (U) blomma (blommor)
flower bed: (U) rabatt (rabatter)
flower pot: (U) blomkruka (blomkrukor)
flu: (U) influensa (influensor)
fluid: (U) vätska (vätskor)
fluorine: (U) fluor (fluor)
flute: (U) flöjt (flöjter)
fly: (U) fluga (flugor), att flyga (flyger - flög - flugit)
flyer: (N) flygblad (flygblad)
foetus: (N) foster (foster)
fog: (U) dimma (dimmor)
foggy: dimmig (dimmigt, dimmiga)
folder: (U) pärm (pärmar), (U) mapp (mappar)
folk music: (U) folkmusik (folkmusik)
follow: att följa (följer - följde - följt)
foot: (U) fot (fötter)
football: fotboll , (U) amerikansk fotboll (amerikanska fotbollar)
football boots: (U) fotbollssko (fotbollsskor)
football stadium: (U) fotbollsarena (fotbollsarenor)
force: (U) kraft (krafter)
forehead: (U) panna (pannor)
forest: (U) skog (skogar)
fork: (U) gaffel (gafflar)
forklift truck: (U) gaffeltruck (gaffeltruckar)
Formula 1: Formel 1
foundation: (U) foundation (foundation)
fountain: (U) fontän (fontäner)
fourth: fjärde (fjärde)
fox: (U) räv (rävar)
fraction: (U) bråkdel (bråkdelar)
fracture: (U) fraktur (frakturer)
France: Frankrike
francium: (N) francium (francium)
freckles: (U) fräkne (fräknar)
freestyle skiing: freestyle-skidåkning
freezer: (U) frys (frysar)
freight train: (N) godståg (godståg)
French: (U) franska (franska)
French fries: (U) pommes frites (pommes frites)
French horn: (N) valthorn (valthorn)
French Polynesia: Franska Polynesien
Friday: (U) fredag (fredagar)
fridge: (N) kylskåp (kylskåp)
fried noodles: (U) stekt nudel (stekta nudlar)
fried rice: (N) stekt ris (stekt ris)
fried sausage: (U) stekt korv (stekta korvar)
friend: (U) vän (vänner)
friendly: vänlig (vänligt, vänliga)
frog: (U) groda (grodor)
front: fram

front door: (U) ytterdörr (ytterdörrar)
front light: (N) framljus (framljus)
front seat: (N) framsäte (framsäten)
fruit gum: (N) fruktgummi (fruktgummin)
fruit merchant: (U) frukthandlare (frukthandlare)
fruit salad: (U) fruktsallad (fruktsallader)
fry: att steka (steker - stekte - stekt)
full: mätt (mätt, mätta), full (fullt, fulla)
full stop: (U) punkt (punkter)
funeral: (U) begravning (begravningar)
funnel: (U) tratt (trattar)
funny: rolig (roligt, roliga)
furniture store: (U) möbelaffär (möbelaffärer)

G

Gabon: Gabon
gadolinium: (N) gadolinium (gadolinium)
gain weight: att gå upp i vikt (går upp i vikt - gick upp i vikt - gått upp i vikt)
galaxy: (U) galax (galaxer)
gall bladder: (U) gallblåsa (gallblåsor)
gallium: (N) gallium (gallium)
gamble: att spela (spelar - spelade - spelat)
game: (N) viltkött (viltkött)
garage: (N) garage (garage)
garage door: (U) garagedörr (garagedörrar)
garbage bin: (U) papperskorg (papperskorgar)
garden: (U) trädgård (trädgårdar)
gardener: (U) trädgårdsmästare (trädgårdsmästare)
garlic: (U) vitlök (vitlökar)
gas: (U) gas (gaser)
gear lever: (U) växelspak (växelspakar)
gear shift: (U) manuell växling (manuella växlingar)
gecko: (U) geckoödla (geckoödlor)
gender: (N) kön (kön)
general manager: (U) verkställande direktör (verkställande direktörer)
generator: (U) generator (generatorer)
generous: generös (generöst, generösa)
geography: (U) geografi (geografi)
geometry: (U) geometri (geometri)
Georgia: Georgien
German: (U) tyska (tyska)
germanium: (N) germanium (germanium)
Germany: Tyskland
geyser: (U) gejser (gejsrar)
Ghana: Ghana
Gibraltar: Gibraltar
gin: (U) gin (gin)
ginger: (U) ingefära (ingefäror), rödhårig
giraffe: (U) giraff (giraffer)
girl: (U) flicka (flickor)
girlfriend: (U) flickvän (flickvänner)
give: att ge (ger - gav - givit)
give a massage: att ge en massage (ger en massage - gav en massage - givit en massage)
glacier: (U) glaciär (glaciärer)
gladiolus: (U) sabellilja (sabelliljor)
glass: (N) glas (glas)

glasses: (N) glasögonpar (glasögon)
glider: (N) glidflygplan (glidflygplan)
glove: (U) handske (handskar)
glue: (N) lim (lim)
gluten: (N) gluten (gluten)
goal: (N) mål (mål)
goat: (U) get (getter)
gold: (N) guld (guld)
Gold is more expensive than silver: Guld är dyrare än silver
gold medal: (U) guldmedalj (guldmedaljer)
golf: golf
golf ball: (U) golfboll (golfbollar)
golf club: (U) golfklubba (golfklubbor)
golf course: (U) golfbana (golfbanor)
good: god (gott, goda)
good bye: hej då
good day: god dag
goose: (U) gås (gäss)
go straight: gå rakt fram
goulash: (U) gulasch (gulascher)
GPS: (U) GPS (GPS)
graduation: (U) examen (examina)
graduation ceremony: (U) examensceremoni (examensceremonier)
gram: (N) gram (gram)
grandchild: (N) barnbarn (barnbarn)
granddaughter: (U) sondotter/dotterdotter (sondöttrar/dotterdöttrar)
grandfather: (U) farfar (farfäder), (U) morfar (morfäder)
grandmother: (U) farmor (farmödrar), (U) mormor (mormödrar)
grandson: (U) sonson/dotterson (sonsöner/dottersöner)
granite: (U) granit (graniter)
granulated sugar: (N) strösocker (strösocker)
grape: (U) druva (druvor)
grapefruit: (U) grapefrukt (grapefrukter)
graphite: (U) grafit (grafiter)
grass: (N) gräs (gräs)
grasshopper: (U) gräshoppa (gräshoppor)
grater: (N) rivjärn (rivjärn)
grave: (U) grav (gravar)
gravity: (U) gravitation (gravitation)
Greece: Grekland
greedy: girig (girigt, giriga)
green: grön (grönt, gröna)
greenhouse: (N) växthus (växthus)
Greenland: Grönland
green tea: (N) grönt te (grönt te)
Grenada: Grenada
grey: grå (grått, gråa)
groom: (U) brudgum (brudgummar)
ground floor: (U) bottenvåning (bottenvåningar)
group therapy: (U) gruppterapi (gruppterapier)
grow: att växa (växer - växte - vuxit)
Guatemala: Guatemala
guest: (U) gäst (gäster)
guilty: skyldig (skyldigt, skyldiga)
Guinea: Guinea
Guinea-Bissau: Guinea-Bissau
guinea pig: (N) marsvin (marsvin)
guitar: (U) gitarr (gitarrer)

gun: (U) pistol (pistoler)
Guyana: Guyana
gym: (N) gym (gym)
gymnastics: gymnastik
gynaecology: (U) gynekologi

H

hafnium: (N) hafnium (hafnium)
hair: (N) hårstrå (hår)
hairdresser: (U) frisör (frisörer)
hairdryer: (U) hårtork (hårtorkar)
hair gel: (U) hårgelé (hårgeléer)
hair straightener: (U) plattång (plattänger)
Haiti: Haiti
half an hour: en halvtimme
Halloween: (U) halloween (halloween)
ham: (U) skinka (skinkor)
hamburger: (U) hamburgare (hamburgare)
hammer: att hamra (hamrar - hamrade - hamrat), (U) hammare (hammare)
hammer throw: släggkastning
hamster: (U) hamster (hamstrar)
hand: (U) hand (händer)
handbag: (U) handväska (handväskor)
handball: handboll
hand brake: (U) handbroms (handbromsar)
handcuff: (U) handboja (handbojor)
handsaw: (U) handsåg (handsågar)
handsome: stilig (stiligt, stiliga)
happy: glad (glatt, glada)
harbour: (U) hamn (hamnar)
hard: hård (hårt, hårda)
hard drive: (U) hårddisk (hårddiskar)
harmonica: (N) munspel (munspel)
harp: (U) harpa (harpor)
hassium: (N) hassium (hassium)
hat: (U) hatt (hattar)
hay fever: (U) hösnuva (hösnuvor)
hazelnut: (U) hasselnöt (hasselnötter)
he: han
head: (N) huvud (huvud)
headache: (U) huvudvärk (huvudvärkar)
heading: (U) rubrik (rubriker)
head injury: (U) huvudskada (huvudskador)
healthy: frisk (friskt, friska)
heart: (N) hjärta (hjärtan)
heart attack: (U) hjärtattack (hjärtattacker)
heating: (U) uppvärmning (uppvärmningar)
heavy: tung (tungt, tunga)
heavy metal: (U) heavy metal (heavy metal)
hedge: (U) häck (häckar)
hedgehog: (U) igelkott (igelkottar)
heel: (U) häl (hälar), (U) klack (klackar)
height: (U) höjd (höjder)
heir: (U) arvinge (arvingar)
helicopter: (U) helikopter (helikoptrar)
helium: (N) helium (helium)

hello: hallå
helmet: (U) hjälm (hjälmar)
help: att hjälpa (hjälper - hjälpte - hjälpt)
hemorrhoid: (U) hemorrojder (hemorrojder)
her dress: hennes klänning
here: här
heritage: (N) arv (arv)
hexagon: (U) hexagon (hexagoner)
hi: hej
hide: att gömma (gömmer - gömde - gömt)
high: hög (högt, höga)
high-speed train: (N) höghastighetståg (höghastighetståg)
high blood pressure: (N) högt blodtryck (höga blodtryck)
high heels: (U) högklackad sko (högklackade skor)
high jump: höjdhopp
high school: (U) gymnasieskola (gymnasieskolor)
hiking: vandring
hiking boots: (U) vandringssko (vandringsskor)
hill: (U) kulle (kullar)
Himalayas: Himalaya
hippo: (U) flodhäst (flodhästar)
his car: hans bil
history: (U) historia (historier)
hit: att slå (slår - slog - slagit)
hockey stick: (U) hockeyklubba (hockeyklubbor)
hoe: (U) hacka (hackor)
hole puncher: (N) hålslag (hålslag)
holmium: (N) holmium (holmium)
holy: helig (heligt, heliga)
homework: (U) läxa (läxor)
homoeopathy: (U) homeopati (homeopatier)
Honduras: Honduras
honey: (U) honung (honungar)
honeymoon: (U) smekmånad (smekmånader)
Hong Kong: Hong Kong
horn: (U) tuta (tutor)
horror movie: (U) skräckfilm (skräckfilmer)
horse: (U) häst (hästar)
hose: (U) vattenslang (vattenslangar)
hospital: (N) sjukhus (sjukhus)
host: (U) programledare (programledare)
hostel: (N) vandrarhem (vandrarhem)
hot: stark (starkt, starka), het (hett, heta)
hot-air balloon: (U) luftballong (luftballonger)
hot-water bottle: (U) varmvattenflaska (varmvattenflaskor)
hot chocolate: (U) varm choklad (varma choklader)
hot dog: (U) varmkorv (varmkorvar)
hotel: (N) hotell (hotell)
hot pot: (U) köttgryta (köttgrytor)
hour: (U) timme (timmar)
house: (N) hus (hus)
houseplant: (U) krukväxt (krukväxter)
how: hur
How are you?: Hur mår du?
how many?: hur många?
how much?: hur mycket?
How much is this?: Hur mycket kostar det här?
huge: enorm (enormt, enorma)

human resources: (U) personalavdelning (personalavdelningar)
humidity: (U) fuktighet (fuktigheter)
Hungary: Ungern
hungry: hungrig (hungrigt, hungriga)
hurdles: häcklöpning
hurricane: (U) orkan (orkaner)
husband: (U) make (makar)
hydrant: (U) vattenpost (vattenposter)
hydroelectric power station: (N) vattenkraftverk (vattenkraftverk)
hydrogen: (N) väte (väte)
hydrotherapy: (U) hydroterapi (hydroterapier)
hyphen: (N) bindestreck (bindestreck)
hypnosis: (U) hypnos (hypnoser)

I

I: jag
I agree: jag håller med
ice: (U) is (is)
ice climbing: isklättring
ice cream: (U) glass (glassar)
iced coffee: (U) iskaffe (iskaffe)
ice hockey: ishockey
Iceland: Island
ice rink: (U) isrink (isrinkar)
ice skating: skridskoåkning
icing sugar: (N) florsocker (florsocker)
icon: (U) ikon (ikoner)
I don't know: jag vet inte
I don't like this: Jag gillar inte det här
I don't understand: Jag förstår inte
if: om
I have a dog: Jag har en hund
I know: jag vet
I like you: Jag gillar dig
I love you: Jag älskar dig
I miss you: Jag saknar dig
immediately: omedelbart
inbox: (U) inkorg (inkorgar)
inch: (U) tum (tum)
index finger: (N) pekfinger (pekfingrar)
India: Indien
Indian Ocean: Indiska oceanen
indium: (N) indium (indium)
Indonesia: Indonesien
industrial district: (N) industriområde (industriområden)
I need this: Jag behöver det här
infant: (N) spädbarn (spädbarn)
infection: (U) infektion (infektioner)
infusion: (U) infusion (infusioner)
inhaler: (U) inhalator (inhalatorer)
injure: att skada (skadar - skadade skadat)
injury: (U) skada (skador)
ink: (N) bläck (bläck)
inking roller: (U) färgvals (färgvalsar)
insect repellent: (N) insektsmedel (insektsmedel)
inside: inuti

instant camera: (U) direktbildskamera (direktbildskameror)
instant noodles: (U) snabbnudel (snabbnudlar)
insulating tape: (U) isoleringstejp (isoleringstejper)
insulin: (N) insulin (insulin)
insurance: (U) försäkring (försäkringar)
intensive care unit: (U) intensivvårdsavdelning (intensivvårdsavdelningar)
interest: (U) ränta (räntor)
intern: (U) praktikant (praktikanter)
intersection: (U) vägkorsning (vägkorsningar)
intestine: (U) tarm (tarmar)
investment: (U) investering (investeringar)
iodine: (U) jod (jod)
ion: (U) jon (joner)
Iran: Iran
Iraq: Irak
Ireland: Irland
iridium: (N) iridium (iridium)
iris: (U) iris (irisar)
iron: att stryka (stryker - strök - strykt), (N) järn (järn)
ironing table: (U) strykbräda (strykbrädor)
island: (U) ö (öar)
isotope: (U) isotop (isotoper)
Israel: Israel
IT: (U) IT (IT)
Italy: Italien
Ivory Coast: Elfenbenskusten
I want more: Jag vill ha mer
I want this: jag vill ha det här

J

jack: (U) domkraft (domkrafter)
jacket: (U) jacka (jackor)
jackfruit: (U) jackfrukt (jackfrukter)
jade: (U) jade (jade)
jam: (U) sylt (syltar)
Jamaica: Jamaica
January: (U) januari (januari)
Japan: Japan
Japanese: (U) japanska (japanska)
jar: (U) glasburk (glasburkar)
javelin throw: spjutkastning
jawbone: (N) käkben (käkben)
jazz: (U) jazz (jazz)
jeans: (U) jeans (jeans)
jellyfish: (U) manet (maneter)
jersey: (U) fotbollströja (fotbollströjor)
jet ski: vattenskoter
jeweller: (U) juvelerare (juvelerare)
jive: (U) jive (jive)
job: (N) jobb (jobb)
jogging bra: (U) sport-bh (sport-bh:ar)
joke: (N) skämt (skämt)
Jordan: Jordanien
journalist: (U) journalist (journalister)
judge: (U) domare (domare)
judo: judo

juicy: saftig (saftigt, saftiga)
July: (U) juli (juli)
jump: att hoppa (hoppar - hoppade - hoppat)
June: (U) juni (juni)
junior school: (U) lågstadieskola (lågstadieskolor)
Jupiter: Jupiter
jury: (U) jury (juryer)

K

kangaroo: (U) känguru (kängurur)
karate: karate
kart: karting
Kazakhstan: Kazakstan
kebab: (U) kebab (kebaber)
kennel: (U) hundkoja (hundkojor)
Kenya: Kenya
kettle: (U) vattenkokare (vattenkokare)
kettledrum: (U) puka (pukor)
key: (U) nyckel (nycklar)
keyboard: (U) keyboard (keyboards), (N) tangentbord (tangentbord)
key chain: (U) nyckelring (nyckelringar)
keyhole: (N) nyckelhål (nyckelhål)
kick: att sparka (sparka - sparkade - sparkat)
kidney: (U) njure (njurar)
kill: att döda (dödar - dödade - dödat)
killer whale: (U) späckhuggare (späckhuggare)
kilogram: (N) kilogram (kilogram)
kindergarten: (N) dagis (dagis)
kindergarten teacher: (U) förskollärare (förskollärare)
Kiribati: Kiribati
kiss: att kyssa (kysser - kysste - kysst), (U) kyss (kyssar)
kitchen: (N) kök (kök)
kiwi: (U) kiwi (kiwi)
knee: (N) knä (knän)
kneecap: (U) knäskål (knäskålar)
knife: (U) kniv (knivar)
knit cap: (U) mössa (mössor)
know: att veta (vet - visste - vetat)
koala: (U) koala (koalor)
Kosovo: Kosovo
krone: (U) krona (kronor)
krypton: (N) krypton (krypton)
Kuwait: Kuwait
Kyrgyzstan: Kirgizistan

L

laboratory: (N) laboratorium (laboratorier)
lace: (N) skosnöre (skosnören)
lacrosse: lacrosse
ladder: (U) stege (stegar)
ladle: (U) soppslev (soppslevar)
ladybird: (U) nyckelpiga (nyckelpigor)
lake: (U) sjö (sjöar)

lamb: (N) lammkött (lammkött)
lamp: (U) lampa (lampor)
landlord: (U) hyresvärd (hyresvärdar)
lanthanum: (N) lantan (lantan)
Laos: Laos
laptop: (U) bärbar dator (bärbara datorer)
larch: (N) lärkträd (lärkträd)
lasagne: (U) lasagne (lasagner)
last month: förra månaden (förra månaden)
last week: förra veckan (förra veckan)
last year: förra året (förra året)
Latin: (N) latin (latin)
Latin dance: (U) latinamerikansk dans (latinamerikanska danser)
latitude: (U) latitud (latituder)
Latvia: Lettland
laugh: att skratta (skrattar - skrattade - skrattat)
laundry: (U) tvätt (tvättar)
laundry basket: (U) tvättkorg (tvättkorgar)
lava: (U) lava (lavor)
law: (U) lag (lagar)
lawn mower: (U) gräsklippare (gräsklippare)
lawrencium: (N) lawrencium (lawrencium)
lawyer: (U) advokat (advokater)
lazy: lat (lat, lata)
lead: (N) bly (bly)
leaf: (N) löv (löv)
leaflet: (U) broschyr (broschyrer)
lean meat: (N) magert kött (magert kött)
leather shoes: (U) lädersko (läderskor)
Lebanon: Libanon
lecture: (U) föreläsning (föreläsningar)
lecturer: (U) föreläsare (föreläsare)
lecture theatre: (U) hörsal (hörsalar)
leek: (U) purjolök (purjolökar)
left: vänster
leg: (N) ben (ben)
legal department: (U) juridisk avdelning (juridiska avdelningar)
leggings: (U) leggings (leggings)
leg press: benpress (benpressar)
lemon: (U) citron (citroner)
lemonade: (U) läskedryck (läskedrycker)
lemongrass: (N) citrongräs (citrongräs)
lemur: (U) lemur (lemurer)
leopard: (U) leopard (leoparder)
Lesotho: Lesotho
less: mindre
lesson: (U) lektion (lektioner)
Let's go home: Vi går hem
letter: (U) bokstav (bokstäver), (N) brev (brev)
lettuce: (U) sallad (sallader)
Liberia: Liberia
librarian: (U) bibliotekarie (bibliotekarier)
library: (N) bibliotek (bibliotek)
Libya: Libyen
lie: att ligga (ligger - låg - legat)
Liechtenstein: Liechtenstein
lifeboat: (U) livbåt (livbåtar)
life buoy: (U) livboj (livbojar)

lifeguard: (U) livräddare (livräddare)
life jacket: (U) flytväst (flytvästar)
lift: att lyfta (lyfter - lyfte - lyft)
light: lätt (lätt, lätta), ljus (ljust, ljusa)
light bulb: (U) glödlampa (glödlampor)
lighter: (U) tändare (tändare)
lighthouse: (U) fyr (fyrar)
lightning: (U) blixt (blixtar)
light switch: (U) lampknapp (lampknappar)
like: att tycka om (tycker om - tyckte om - tyckt om)
lime: (U) lime (lime)
limestone: (U) kalksten (kalkstenar)
limousine: (U) limousine (limousiner)
lingerie: (U) underkläder (underkläder)
lion: (N) lejon (lejon)
lip: (U) läpp (läppar)
lip balm: (N) läppbalsam (läppbalsam)
lip gloss: (U) läppglans (läppglanser)
lipstick: (N) läppstift (läppstift)
liqueur: (U) likör (likörer)
liquorice: (U) lakrits (lakrits)
listen: att lyssna (lyssnar - lyssnade - lyssnat)
liter: (U) liter (liter)
literature: (U) litteratur (litteraturer)
lithium: (N) litium (litium)
Lithuania: Litauen
little black dress: (U) den lilla svarta (den lilla svarta)
little brother: (U) lillebror (lillebröder)
little finger: (N) lillfinger (lillfingrar)
little sister: (U) lillasyster (lillasystrar)
live: att leva (lever - levde - levat)
liver: (U) lever (levrar)
livermorium: (N) livermorium (livermorium)
living room: (N) vardagsrum (vardagsrum)
lizard: (U) ödla (ödlor)
llama: (U) lama (lamor)
loan: (N) lån (lån)
lobby: (U) lobby (lobbys)
lobster: (U) hummer (humrar)
lock: att låsa (låser - låste - låst)
locomotive: (N) lokomotiv (lokomotiv)
lonely: ensam (ensamt, ensamma)
long: lång (långt, långa)
longitude: (U) longitud (longituder)
long jump: längdhopp
look for: att leta efter (letar efter - letade efter - letat efter)
loppers: (U) sekatör (sekatörer)
lorry: (U) lastbil (lastbilar)
lorry driver: (U) lastbilschaufför (lastbilschaufförer)
lose: att förlora (förlora - förlorade - förlorat)
lose weight: att gå ned i vikt (går ned i vikt - gick ned i vikt - gått ned i vikt)
loss: (U) förlust (förluster)
lotus root: (U) lotusrot (lotusrötter)
loud: högt (hogt, höga)
loudspeaker: (U) högtalare (högtalare)
love: att älska (älskard - älskade - älskat), (U) kärlek (kärlekar)
lovesickness: (N) kärleksbekymmer (kärleksbekymmer)
low: låg (lågt, låga)

lubricant: (N) glidmedel (glidmedel)
luge: rodel
luggage: (N) bagage (bagage)
lunar eclipse: (U) månförmörkelse (månförmörkelser)
lunch: (U) lunch (luncher)
lung: (U) lunga (lungor)
lutetium: (N) lutetium (lutetium)
Luxembourg: Luxemburg
lychee: (U) litchi (litchi)
lyrics: (U) sångtext (sångtexter)

M

Macao: Macao
Macedonia: Makedonien
Madagascar: Madagaskar
magazine: (U) tidskrift (tidskrifter)
magma: (U) magma (magma)
magnesium: (N) magnesium (magnesium)
magnet: (U) magnet (magneter)
magnetic resonance imaging: (U) magnetisk resonanstomografi (magnetiska resonanstomografier)
magpie: (U) skata (skator)
mailbox: (U) brevlåda (brevlådor)
Malawi: Malawi
Malaysia: Malaysia
Maldives: Maldiverna
Mali: Mali
Malta: Malta
man: (U) man (män)
manager: (U) chef (chefer)
Mandarin: (U) mandarin (mandarin)
manganese: (N) mangan (mangan)
mango: (U) mango (mango)
manhole cover: (N) brunnslock (brunnslock)
manicure: (U) manikyr (manikyrer)
mannequin: (U) skyltdocka (skyltdockor)
many: många
map: (U) karta (kartor)
maple: (U) lönn (lönnar)
maple syrup: (U) lönnsirap (lönnsirap)
marathon: maraton
March: (U) mars (mars)
marjoram: (U) mejram (mejram)
market: (U) marknad (marknader)
marketing: (U) marknadsföring (marknadsföringar)
marry: att gifta sig (gifter sig - gifte sig - gift sig)
Mars: Mars
marsh: (N) kärr (kärr)
Marshall Islands: Marshallöarna
marshmallow: (U) marshmallow (marshmallows)
martini: (U) martini (martinis)
mascara: (U) mascara (mascaror)
mashed potatoes: (N) potatismos (potatismos)
massage: (U) massage (massager)
masseur: (U) massör (massörer)
mast: (U) mast (master)
master: (U) magisterexamen (magisterexamina)

match: (U) tändsticka (tändstickor)
mathematics: (U) matematik (matematik)
mattress: (U) madrass (madrasser)
Mauritania: Mauretanien
Mauritius: Mauritius
May: (U) maj (maj)
mayonnaise: (U) majonnäs (majonnäser)
measles: (U) mässling (mässling)
measure: att mäta (mäter - mätte - mätt)
meat: (N) kött (kött)
meatball: (U) köttbulle (köttbullar)
mechanic: (U) mekaniker (mekaniker)
medal: (U) medalj (medaljer)
meditation: (U) meditation (meditationer)
Mediterranean Sea: Medelhavet
meerkat: (U) surikat (surikater)
meet: att träffa (träffar - träffade - träffat)
meeting room: (N) mötesrum (mötesrum)
meitnerium: (N) meitnerium (meitnerium)
melody: (U) melodi (melodier)
member: (U) medlem (medlemmar)
membership: (N) medlemskap (medlemskap)
mendelevium: (N) mendelevium (mendelevium)
menu: (U) meny (menyer)
Mercury: Merkurius
mercury: (N) kvicksilver (kvicksilver)
metal: (U) metall (metaller)
metalloid: (U) metalloid (metalloider)
meteorite: (U) meteorit (meteoriter)
meter: (U) meter (meter)
methane: (U) metan (metan)
metropolis: (U) metropol (metropoler)
Mexico: Mexiko
Micronesia: Mikronesien
microscope: (N) mikroskop (mikroskop)
microwave: (U) mikrovågsugn (mikrovågsugnar)
middle finger: (N) långfinger (långfingrar)
midnight: (U) midnatt (midnätter)
midwife: (U) barnmorska (barnmorskor)
migraine: (U) migrän (migrän)
mile: (U) mile (mile)
milk: (U) mjölk (mjölk)
milk powder: (N) mjölkpulver (mjölkpulver)
milkshake: (U) milkshake (milkshakes)
milk tea: (N) mjölkte (mjölkte)
Milky Way: (U) Vintergatan
millennium: (N) årtusende (årtusenden)
milliliter: (U) milliliter (milliliter)
millimeter: (U) millimeter (millimeter)
minced meat: (U) köttfärs (köttfärs)
minibar: (U) minibar (minibarer)
minibus: (U) minibuss (minibussar)
minister: (U) minister (ministrar)
mint: (U) mynta (mynta)
minute: (U) minut (minuter)
mirror: (U) spegel (speglar)
miscarriage: (N) missfall (missfall)
mitt: (U) handske (handskar)

mixer: (U) mixer (mixrar)
mobile phone: (U) mobiltelefon (mobiltelefoner)
mocha: (U) mockakaffe (mockakaffe)
model: (U) modell (modeller)
modern pentathlon: modern femkamp
Moldova: Moldavien
molecule: (U) molekyl (molekyler)
molybdenum: (N) molybden (molybden)
Monaco: Monaco
Monday: (U) måndag (måndagar)
money: (U) pengar (pengar)
Mongolia: Mongoliet
monk: (U) munk (munkar)
monkey: (U) apa (apor)
Monopoly: (N) monopol (monopol)
monorail: (U) monorail (monorails)
monsoon: (U) monsun (monsuner)
Montenegro: Montenegro
month: (U) månad (månader)
Montserrat: Montserrat
monument: (N) monument (monument)
moon: (U) måne (månar)
more: mer
morning: (U) morgon (morgnar), (U) förmiddag (förmiddagar)
Morocco: Marocko
mosque: (U) moské (moskéer)
mosquito: (U) mygga (myggor)
most: mest
moth: (U) mal (malar)
mother: (U) mor (mödrar)
mother-in-law: (U) svärmor (svärmödrar)
motocross: motocross
motor: (U) motor (motorer)
motorcycle: (U) motorcykel (motorcyklar)
motorcycle racing: motorcykelracing
motor scooter: (U) skoter (skotrar)
motorway: (U) motorväg (motorvägar)
mountain: (N) berg (berg)
mountain biking: mountain biking
mountaineering: bergsklättring
mountain range: (U) bergskedja (bergskedjor)
mouse: (U) mus (möss)
mouth: (U) mun (munnar)
mouthguard: (N) munskydd (munskydd)
Mozambique: Moçambique
mozzarella: (U) mozzarella (mozzarellor)
MP3 player: (U) MP3-spelare (MP3-spelare)
muesli: (U) müsli (müsli)
muffin: (U) muffin (muffins)
mufti: (U) mufti (mufti)
multiplication: (U) multiplikation (multiplikationer)
mum: (U) mamma (mammor)
mumps: (U) påssjuka (påssjuka)
muscle: (U) muskel (muskler)
museum: (N) museum (museer)
mushroom: (U) svamp (svampar)
musician: (U) musiker (musiker)
mustard: (U) senap (senap)

mute: stum (stumt, stumma)
my dog: min hund

N

nachos: (N) nachos (nachos)
nail: (U) spik (spikar)
nail clipper: (U) nagelklippare (nagelklippare)
nail file: (U) nagelfil (nagelfilar)
nail polish: (N) nagellack (nagellack)
nail scissors: (U) nagelsax (nagelsaxar)
nail varnish remover: (U) nagellacksborttagning (nagellacksborttagningar)
Namibia: Namibia
nape: (U) nacke (nackar)
narrow: smal (smalt, smala)
nasal bone: (N) näsben (näsben)
nasal spray: (U) nässpray (nässprayer)
national park: (U) nationalpark (nationalparker)
Nauru: Nauru
nausea: (N) illamående (illamåenden)
neck: (U) hals (halsar)
neck brace: (U) halskrage (halskragar)
necklace: (N) halsband (halsband)
nectar: (U) nektar (nektar)
needle: (U) nål (nålar)
negligee: (U) negligé (negligéer)
neighbour: (U) granne (grannar)
neodymium: (U) neodym (neodym)
neon: (N) neon (neon)
Nepal: Nepal
nephew: (U) systerson/brorson (systersöner/brorsöner)
Neptune: Neptunus
neptunium: (N) neptunium (neptunium)
nerve: (U) nerv (nerver)
net: (N) nät (nät)
Netherlands: Nederländerna
network: (N) nätverk (nätverk)
neurology: (U) neurologi
neutron: (U) neutron (neutroner)
new: ny (nytt, nya)
New Caledonia: Nya Kaledonien
news: (U) nyhet (nyheter)
newsletter: (N) nyhetsbrev (nyhetsbrev)
newspaper: (U) tidning (tidningar)
New Year: (N) nyår (nyår)
New Zealand: Nya Zeeland
next month: nästa månad (nästa månad)
next week: nästa vecka (nästa vecka)
next year: nästa år (nästa år)
Nicaragua: Nicaragua
nickel: (N) nickel (nickel)
niece: (U) systerdotter/brorsdotter (systerdöttrar/brorsdöttrar)
Niger: Niger
Nigeria: Nigeria
night: (U) natt (nätter)
night club: (U) nattklubb (nattklubbar)
nightie: (N) nattlinne (nattlinnen)

night table: (N) nattduksbord (nattduksbord)
niobium: (U) niob (niob)
nipple: (U) bröstvårta (bröstvårtor)
nitrogen: (N) kväve (kväve)
Niue: Niue
nobelium: (N) nobelium (nobelium)
non-metal: (U) icke-metall (icke-metaller)
none: ingen
noodle: (U) nudel (nudlar)
noon: (U) middagstid (middagstider)
Nordic combined: nordisk kombination
north: nord
northern hemisphere: (N) norra halvklotet (norra halvklotet)
North Korea: Nordkorea
North Pole: (U) Nordpolen (Nordpolen)
Norway: Norge
nose: (U) näsa (näsor)
nosebleed: (N) näsblod (näsblod)
nostril: (U) näsborre (näsborrar)
not: inte
note: (U) not (noter), (U) anteckning (anteckningar), (U) sedel (sedlar)
notebook: (U) anteckningsblock (anteckningsblock)
nougat: (U) nougat (nougater)
novel: (U) roman (romaner)
November: (U) november (november)
now: nu (nu)
no worries: inga problem
nuclear power plant: (N) kärnkraftverk (kärnkraftverk)
numerator: (U) täljare (täljare)
nun: (U) nunna (nunnor)
nurse: (U) sjuksköterska (sjuksköterskor)
nursery: (U) barnkammare (barnkammare), (N) daghem (daghem)
nut: (U) nöt (nötter)
nutmeg: (U) muskot (muskot)
nylon: (N) nylon (nylon)

O

oak: (U) ek (ekar)
oat: (U) havre (havre)
oatmeal: (U) havregrynsgröt (havregrynsgrötar)
oboe: (U) oboe (oboer)
ocean: (U) ocean (oceaner)
octagon: (U) oktogon (oktogoner)
October: (U) oktober (oktober)
octopus: (U) åttaarmad bläckfisk (åttaarmade bläckfiskar)
oesophagus: (U) matstrupe (matstrupar)
of course: självklart
office: (N) kontor (kontor)
often: ofta
oil: (U) olja (oljor)
oil paint: (U) oljefärg (oljefärger)
oil pastel: (U) oljepastell (oljepasteller)
ok: ok
okra: (U) okra (okra)
old: gammal (gammalt, gamla)
olive: (U) oliv (oliver)

olive oil: (U) olivolja (olivoljor)
Oman: Oman
oncology: (U) onkologi
one-way street: (U) enkelriktad väg (enkelriktade vägar)
one o'clock in the morning: klockan ett på natten
onion: (U) lök (lökar)
onion ring: (U) lökring (lökringar)
opal: (U) opal (opaler)
open: att öppna (öppnar - öppnade - öppnat)
opera: (U) opera (operor)
operating theatre: (U) operationssal (operationssalar)
optician: (U) optiker (optiker)
or: eller
orange: orange (orangt, oranga), (U) apelsin (apelsiner)
orange juice: (U) apelsinjuice (apelsinjuicer)
orchestra: (U) orkester (orkestrar)
oregano: (U) oregano (oregano)
organ: (U) orgel (orglar)
origami: (U) origami (origamis)
orphan: (N) föräldralöst barn (föräldralösa barn)
orthopaedics: (U) ortopedi
osmium: (N) osmium (osmium)
ostrich: (U) struts (strutsar)
other: andra
otter: (U) utter (uttrar)
ounce: (N) uns (uns)
our home: vårt hem
outpatient: (U) öppenvård (öppenvård)
outside: utanför
ovary: (U) äggstock (äggstockar)
oven: (U) ugn (ugnar)
overpass: (U) viadukt (viadukter)
oviduct: (U) äggledare (äggledare)
ovum: (U) äggcell (äggceller)
owl: (U) uggla (ugglor)
oxygen: (N) syre (syre)

P

Pacific Ocean: Stilla havet
package: (N) paket (paket)
paediatrics: (U) pediatrik
painkiller: (N) smärtstillande medel (smärtstillande medel)
paint: att måla (målar - målade - målat), (U) färg (färger)
painting: (U) målning (målningar)
Pakistan: Pakistan
Palau: Palau
pale: blek (blekt, bleka)
Palestine: Palestina
palette: (U) palett (paletter)
palladium: (N) palladium (palladium)
pallet: (U) lastpall (lastpallar)
palm: (U) handflata (handflator)
palm tree: (U) palm (palmer)
pan: (U) stekpanna (stekpannor)
Panama: Panama
pancake: (U) pannkaka (pannkakor)

pancreas: (U) bukspottkörtel (bukspottkörtlar)
panda: (U) panda (pandor)
panties: (U) trosa (trosor)
pantyhose: (U) strumpbyxa (strumpbyxor)
panty liner: (N) trosskydd (trosskydd)
papaya: (U) papaya (papayor)
paperclip: (N) gem (gem)
paprika: (N) paprikapulver (paprikapulver)
Papua New Guinea: Papua Nya Guinea
parachute: (U) fallskärm (fallskärmar)
parachuting: fallskärmshoppning
paragraph: (U) paragraf (paragrafer)
Paraguay: Paraguay
parasol: (N) parasoll (parasoll)
parcel: (N) paket (paket)
parents: (U) förälder (föräldrar)
parents-in-law: (U) svärförälder (svärföräldrar)
park: (U) park (parker)
parking meter: (U) parkeringsautomat (parkeringsautomater)
parmesan: (U) parmesan (parmesan)
parrot: (U) papegoja (papegojor)
passport: (N) pass (pass)
password: (N) lösenord (lösenord)
pathology: (U) patologi
patient: (U) patient (patienter)
pavement: (U) trottoar (trottoarer)
pay: att betala (betalar - betalade - betalat)
pea: (U) ärta (ärtor)
peach: (U) persika (persikor)
peacock: (U) påfågel (påfåglar)
peanut: (U) jordnöt (jordnötter)
peanut butter: (N) jordnötssmör (jordnötssmör)
peanut oil: (U) jordnötsolja (jordnötsoljor)
pear: (N) päron (päron)
pearl necklace: (N) pärlhalsband (pärlhalsband)
pedestrian area: (U) gågata (gågator)
pedestrian crossing: (N) övergångsställe (övergångsställen)
pedicure: (U) pedikyr (pedikyrer)
peel: (N) skal (skal)
peg: (U) klädnypa (klädnypor)
pelican: (U) pelikan (pelikaner)
pelvis: (N) bäcken (bäcken)
pen: (U) penna (pennor)
pencil: (U) blyertspenna (blyertspennor)
pencil case: (N) pennskrin (pennskrin)
pencil sharpener: (U) pennvässare (pennvässare)
penguin: (U) pingvin (pingviner)
peninsula: (U) halvö (halvöar)
penis: (U) penis (penisar)
pepper: (U) paprika (paprikor), (U) peppar (peppar)
perfume: (U) parfym (parfymer)
periodic table: (N) periodiska systemet (periodiska system)
Peru: Peru
petal: (N) blomblad (blomblad)
Petri dish: (U) petriskål (petriskålar)
petrol: (U) bensin (bensin)
petrol station: (U) bensinstation (bensinstationer)
pet shop: (U) djuraffär (djuraffärer)

pharmacist: (U) apotekare (apotekare)
pharmacy: (N) apotek (apotek)
PhD: (U) doktorsexamen (doktorsexamina)
Philippines: Filippinerna
philosophy: (U) filosofi (filosofi)
phoalbum: (N) fotoalbum (fotoalbum)
phosphorus: (U) fosfor (fosfor)
photographer: (U) fotograf (fotografer)
physical education: (U) idrott (idrotter)
physician: (U) läkare (läkare)
physicist: (U) fysiker (fysiker)
physics: (U) fysik (fysik)
physiotherapist: (U) fysioterapeut (fysioterapeuter)
physiotherapy: (U) fysioterapi (fysioterapier)
piano: (N) piano (pianon)
picnic: (U) picknick (picknickar)
picture: (U) tavla (tavlor)
picture frame: (U) tavelram (tavelramar)
pie: (U) paj (pajer)
pier: (U) pir (pirer)
pig: (U) gris (grisar)
pigeon: (U) duva (duvor)
piglet: (U) griskulting (griskultingar)
Pilates: pilates (pilates)
pill: (U) tablett (tabletter)
pillow: (U) kudde (kuddar)
pilot: (U) pilot (piloter)
pincers: (U) kniptång (kniptänger)
pine: (U) tall (tallar)
pineapple: (U) ananas (ananas)
pink: rosa (rosa, rosa)
pipette: (U) pipett (pipetter)
pistachio: (U) pistasch (pistascher)
pit: (U) kärna (kärnor)
pitchfork: (U) högaffel (högafflar)
pizza: (U) pizza (pizzor)
plane: (N) flygplan (flygplan)
planet: (U) planet (planeter)
plaster: (N) plåster (plåster)
plastic: (U) plast (plaster)
plastic bag: (U) plastpåse (plastpåsar)
plate: (U) tallrik (tallrikar)
platform: (U) plattform (plattformar)
platinum: (U) platina (platina)
play: att spela (spelar - spelade - spelat), (U) pjäs (pjäser)
playground: (U) lekplats (lekplatser)
please: är du snäll
plug: (U) stickkontakt (stickkontakter)
plum: (N) plommon (plommon)
plumber: (U) rörmokare (rörmokare)
plump: fyllig (fylligt, fylliga)
Pluto: Pluto
plutonium: (N) plutonium (plutonium)
pocket: (U) ficka (fickor)
poisoning: (U) förgiftning (förgiftningar)
poker: poker
Poland: Polen
polar bear: (U) isbjörn (isbjörnar)

pole: (U) pol (poler)
pole vault: stavhopp
police: (U) polis (poliser)
police car: (U) polisbil (polisbilar)
policeman: (U) polis (poliser)
police station: (U) polisstation (polisstationer)
politician: (U) politiker (politiker)
politics: (U) politik (politik)
polo: polo
polonium: (N) polonium (polonium)
polo shirt: (U) polotröja (polotröjor)
polyester: (U) polyester (polyester)
pond: (N) damm (dammar)
ponytail: (U) hästsvans (hästsvansar)
poor: fattig (fattigt, fattiga)
pop: (U) pop (pop)
popcorn: (N) popcorn (popcorn)
pork: (N) fläskkött (fläskkött)
porridge: (U) gröt (grötar)
portfolio: (U) portfölj (portföljer)
portrait: (N) porträtt (porträtt)
Portugal: Portugal
postcard: (N) vykort (vykort)
postman: (U) brevbärare (brevbärare)
post office: (N) postkontor (postkontor)
pot: (U) kastrull (kastruller)
potasalad: (U) potatissallad (potatissallader)
potassium: (N) kalium (kalium)
potato: (U) potatis (potatisar)
potawedges: (U) potatisklyfta (potatisklyftor)
pottery: (N) krukmakeri (krukmakerier)
pound: (N) pund (pund)
powder: (N) pulver (pulver)
powder puff: (U) pudervippa (pudervippor)
power: (U) el (el)
power line: (U) kraftledning (kraftledningar)
power outlet: (N) eluttag (eluttag)
practice: att öva (övar - övade - övat)
praseodymium: (U) praseodym (praseodym)
pray: att be (ber - bad - bett)
praying mantis: (U) bönsyrsa (bönsyrsor)
preface: (N) förord (förord)
pregnancy test: (N) graviditetstest (graviditetstester)
present: (U) present (presenter)
presentation: (U) presentation (presentationer)
president: (U) president (presidenter)
press: att trycka på (trycker på - tryckte på - tryckt på)
priest: (U) präst (präster)
primary school: (U) grundskola (grundskolor)
prime minister: (U) premiärminister (premiärministrar)
print: att skriva ut (skriver ut - skrev ut - skrivit ut)
printer: (U) skrivare (skrivare)
prison: (N) fängelse (fängelser)
professor: (U) professor (professorer)
profit: (U) vinst (vinster)
programmer: (U) programmerare (programmerare)
projector: (U) projektor (projektorer)
promenade: (U) promenad (promenader)

promethium: (N) prometium (prometium)
prosecutor: (U) åklagare (åklagare)
prostate: (U) prostata (prostator)
prostitute: (U) prostituerad (prostituerade)
protactinium: (N) protaktinium (protaktinium)
proton: (U) proton (protoner)
proud: stolt (stolt, stolta)
province: (U) provins (provinser)
psychiatry: (U) psykiatri
psychoanalysis: (U) psykoanalys (psykoanalyser)
psychotherapy: (U) psykoterapi (psykoterapier)
publisher: (N) förlag (förlag)
puck: (U) puck (puckar)
pudding: (U) pudding (puddingar)
PuerRico: Puerto Rico
pull: att dra (drar - drog - dragit)
pulse: (U) puls (pulser)
pumpkin: (U) pumpa (pumpor)
punk: (U) punk (punk)
pupil: (U) pupill (pupiller)
purple: lila (lila, lila)
purse: (U) portmonnä (portmonnäer)
push: att trycka (trycker - tryckte - tryckt)
push-up: armhävning (armhävningar)
pushchair: (U) barnvagn (barnvagnar)
put: att lägga (lägger - lade - lagt)
putty: (U) spackelspade (spackelspadar)
puzzle: (N) pussel (pussel)
pyjamas: (U) pyjamas (pyjamasar)
pyramid: (U) pyramid (pyramider)

Q

Qatar: Qatar
quarter of an hour: en kvart
quartz: (U) kvarts (kvarts)
question mark: (N) frågetecken (frågetecken)
quick: snabb (snabbt, snabba)
quickstep: (U) quickstep (quickstep)
quiet: stilla (stilla, stilla)
quote: att citera (citerar - citerade - citerat)

R

rabbi: (U) rabbin (rabbiner)
rabbit: (U) kanin (kaniner)
raccoon: (U) tvättbjörn (tvättbjörnar)
racing bicycle: (U) racercykel (racercyklar)
radar: (U) radar (radar)
radiator: (N) värmeelement (värmeelement)
radio: (U) radio (radior)
radiology: (U) radiologi
radish: (U) rädisa (rädisor)
radium: (N) radium (radium)
radius: (U) radie (radier)

radon: (N) radon (radon)
rafting: forsränning
railtrack: (U) tågräls (tågrälsar)
rain: (N) regn (regn)
rainbow: (U) regnbåge (regnbågar)
raincoat: (U) regnrock (regnrockar)
rainforest: (U) regnskog (regnskogar)
rainy: regnig (regnigt, regniga)
raisin: (N) russin (russin)
rake: (U) kratta (krattor)
rally racing: rally
Ramadan: (U) ramadan (ramadan)
ramen: (U) ramen (ramen)
random access memory (RAM): (N) RAM-minne (RAM-minnen)
rap: (U) rap (rap)
rapeseed oil: (U) rapsolja (rapsoljor)
rash: (N) utslag (utslag)
raspberry: (N) hallon (hallon)
rat: (U) råtta (råttor)
rattle: (U) skallra (skallror)
raven: (U) korp (korpar)
raw: rå (rått, råa)
razor: (U) rakhyvel (rakhyvlar)
razor blade: (N) rakblad (rakblad)
read: att läsa (läser - läste - läst)
reading room: (N) läsrum (läsrum)
real-estate agent: (U) fastighetsagent (fastighetsagenter)
really: verkligen
rear light: (N) bakljus (bakljus)
rear mirror: (U) backspegel (backspeglar)
rear trunk: (U) baklucka (bakluckor)
receptionist: (U) receptionist (receptionister)
record player: (U) skivspelare (skivspelare)
rectangle: (U) rektangel (rektanglar)
recycle bin: (U) papperskorg (papperskorgar)
red: röd (rött, röda)
red panda: (U) röd panda (röda pandor)
Red Sea: Röda havet
red wine: (N) rött vin (röda viner)
reed: (U) vass (vass)
referee: (U) domare (domare)
reggae: (U) reggae (reggae)
region: (U) region (regioner)
relax: slappna av
remote control: (U) fjärrkontroll (fjärrkontroller)
reporter: (U) reporter (reportrar)
Republic of the Congo: Republiken Kongo
rescue: att rädda (räddar - räddade - räddat)
research: (U) forskning (forskningar)
reservation: (U) reservation (reservationer)
respiratory machine: (U) respirator (respiratorer)
rest: att vila (vilar - vilade - vilat)
restaurant: (U) restaurang (restauranger)
result: (N) resultat (resultat)
retirement: (U) pension (pensioner)
rhenium: (N) rhenium (rhenium)
rhino: (U) noshörning (noshörningar)
rhodium: (N) rodium (rodium)

rhomboid: (N) parallellogram (parallellogram)
rhombus: (U) romb (romber)
rhythmic gymnastics: rytmisk gymnastik
rib: (N) revben (revben)
rice: (N) ris (ris)
rice cooker: (U) riskokare (riskokare)
rich: rik (rikt, rika)
right: höger
right angle: (U) rät vinkel (räta vinklar)
ring: (U) ring (ringar)
ring finger: (N) ringfinger (ringfingrar)
river: (U) flod (floder)
road: (U) väg (vägar)
road roller: (U) ångvält (ångvältar)
roast chicken: (U) grillad kyckling (grillade kycklingar)
roast pork: (N) grillat fläsk (grillade fläsk)
robot: (U) robot (robotar)
rock: (U) rock (rock), (U) sten (stenar)
rock 'n' roll: (U) rock 'n' roll (rock 'n' roll)
rocket: (U) raket (raketer)
rocking chair: (U) gungstol (gungstolar)
roentgenium: (N) röntgenium (röntgenium)
roll: att rulla (rullar - rullade - rullat)
roller coaster: (U) berg-och-dalbana (berg-och-dalbanor)
roller skating: rullskridskoåkning
Romania: Rumänien
roof: (N) tak (tak)
roof tile: (N) taktegel (taktegel)
room key: (U) rumsnyckel (rumsnycklar)
room number: (N) rumsnummer (rumsnummer)
room service: (U) rumservice (rumservice)
root: (U) rot (rötter)
rose: (U) ros (rosor)
rosemary: (U) rosmarin (rosmarin)
round: rund (runt, runda)
roundabout: (U) rondell (rondeller)
router: (U) router (routrar)
row: (U) rad (rader)
rowing: rodd
rowing boat: (U) roddbåt (roddbåtar)
rubber: (N) suddgummi (suddgummin)
rubber band: (N) gummiband (gummiband)
rubber boat: (U) gummibåt (gummibåtar)
rubber stamp: (U) stämpel (stämplar)
rubidium: (N) rubidium (rubidium)
ruby: (U) rubin (rubiner)
rugby: rugby
ruin: (U) ruin (ruiner)
ruler: (U) linjal (linjaler)
rum: (U) rom (rom)
rumba: (U) rumba (rumba)
run: att springa (springer - sprang - sprungit)
running: löpning
runway: (U) landningsbana (landningsbanor)
rush hour: (U) rusningstrafik (rusningstrafik)
Russia: Ryssland
ruthenium: (N) rutenium (rutenium)
rutherfordium: (N) rutherfordium (rutherfordium)

Rwanda: Rwanda

S

sad: ledsen (ledset, ledsna)
saddle: (U) sadel (sadlar)
safe: säker (säkert, säkra), (N) kassaskåp (kassaskåp)
safety glasses: skyddsglasögon (skyddsglasögon)
Sahara: Sahara
sail: (N) segel (segel)
sailing: segling
sailing boat: (U) segelbåt (segelbåtar)
Saint Kitts and Nevis: Saint Kitts och Nevis
Saint Lucia: Saint Lucia
Saint Vincent and the Grenadines: Saint Vincent och Grenadinerna
sake: (U) sake (sake)
salad: (U) sallad (sallader)
salami: (U) salami (salami)
salary: (U) lön (löner)
sales: (U) försäljning (försäljningar)
salmon: (U) lax (laxar)
salsa: (U) salsa (salsa)
salt: (N) salt (salter)
salty: salt (salt, salta)
samarium: (N) samarium (samarium)
samba: (U) samba (samba)
Samoa: Samoa
sand: (U) sand (sand)
sandals: (U) sandal (sandaler)
sandbox: (U) sandlåda (sandlådor)
sandwich: (U) smörgås (smörgåsar)
sanitary towel: (U) dambinda (dambindor)
San Marino: San Marino
sapphire: (U) safir (safirer)
sardine: (U) sardin (sardiner)
satellite: (U) satellit (satelliter)
satellite dish: (U) parabolantenn (parabolantenner)
Saturday: (U) lördag (lördagar)
Saturn: Saturnus
Saudi Arabia: Saudiarabien
sauna: bastu (bastuar)
sausage: (U) korv (korvar)
savings: (U) besparing (besparingar)
saw: att såga (sågar - sågade -sågat), (U) såg (sågar)
saxophone: (U) saxofon (saxofoner)
scaffolding: (U) byggnadsställning (byggnadsställningar)
scale: (U) våg (vågar)
scalpel: (U) skalpell (skalpeller)
scan: att skanna (skannar - skannade - skannat)
scandium: (N) skandium (skandium)
scanner: (U) skanner (skannrar)
scarf: (U) halsduk (halsdukar)
scholarship: (N) stipendium (stipendier)
school: (U) skola (skolor)
schoolbag: (U) skolväska (skolväskor)
school bus: (U) skolbuss (skolbussar)
school uniform: (U) skoluniform (skoluniformer)

schoolyard: (U) skolgård (skolgårdar)
science: (U) vetenskap (vetenskaper)
science fiction: (U) science fiction (science fiction)
scientist: (U) forskare (forskare)
scissors: (U) sax (saxar)
scorpion: (U) skorpion (skorpioner)
scrambled eggs: (U) äggröra (äggröror)
screen: (U) filmduk (filmdukar), (U) skärm (skärmar)
screwdriver: (U) skruvmejsel (skruvmejslar)
screw wrench: (U) skruvnyckel (skruvnycklar)
script: (N) manus (manus)
scrollbar: (U) rullningslist (rullningslister)
scrotum: (U) pung (pungar)
scrunchy: (N) hårband (hårband)
sculpting: (U) skulptering (skulpteringar)
sea: (N) hav (hav)
seaborgium: (N) seaborgium (seaborgium)
seafood: (N) skaldjur (skaldjur)
seagull: (U) fiskmås (fiskmåsar)
sea horse: (U) sjöhäst (sjöhästar)
seal: (U) säl (sälar)
sea lion: (N) sjölejon (sjölejon)
seat: (U) sittplats (sittplatser)
seatbelt: (N) bälte (bälten)
seaweed: (N) sjögräs (sjögräs)
second: (U) sekund (sekunder), andra (andra)
second-hand shop: (U) second hand-butik (second hand-butiker)
second basement floor: (U) andra källarvåningen (andra källarvåningar)
secretary: (U) sekreterare (sekreterare)
security camera: (U) övervakningskamera (övervakningskameror)
security guard: (U) säkerhetsvakt (säkerhetsvakter)
seed: (N) frö (frön)
see you later: ses sen
selenium: (N) selen (selen)
sell: att sälja (säljer - sålde - sålt)
semicolon: (N) semikolon (semikolon)
Senegal: Senegal
September: (U) september (september)
Serbia: Serbien
server: (U) server (servrar)
sewage plant: (N) reningsverk (reningsverk)
sewing machine: (U) symaskin (symaskiner)
sex: (N) sex (sex)
sexy: sexig (sexigt, sexiga)
Seychelles: Seychellerna
shallow: grund (grunt, grunda)
shampoo: (N) schampo (schampon)
share: att dela (delar - delade - delat), (U) aktie (aktier)
share price: (U) aktiekurs (aktiekurser)
shark: (U) haj (hajar)
shaver: (U) rakapparat (rakapparater)
shaving foam: (N) raklödder (raklödder)
she: hon
shed: (N) skjul (skjul)
sheep: (N) får (får)
shelf: (U) hylla (hyllor)
shell: (N) snäckskal (snäckskal)
shinpad: (N) benskydd (benskydd)

ship: (N) fartyg (fartyg)
shirt: (U) skjorta (skjortor)
shiver: att rysa (ryser - rös - ryst)
shock absorber: (U) stötdämpare (stötdämpare)
shoe cabinet: (N) skoskåp (skoskåp)
shoot: att skjuta (skjuter - sköt - skjutit)
shooting: skytte
shop assistant: (U) butiksmedarbetare (butiksmedarbetare)
shopping basket: (U) kundkorg (kundkorgar)
shopping cart: (U) kundvagn (kundvagnar)
shopping mall: (N) köpcentrum (köpcentrum)
shore: (U) strand (stränder)
short: kort (kort, korta)
shorts: (U) shorts (shorts)
short track: short track
shot put: kulstötning
shoulder: (U) axel (axlar)
shoulder blade: (N) skulderblad (skulderblad)
shout: att skrika (skriker - skrek - skrikit)
shovel: (U) skyffel (skyfflar)
shower: (U) dusch (duschar)
shower cap: (U) duschmössa (duschmössor)
shower curtain: (N) duschdraperi (duschdraperier)
shower gel: (U) duschtvål (duschtvålar)
show jumping: banhoppning
shrink: att krympa (krymper - krympte - krympt)
shuttlecock: (U) badmintonboll (badmintonbollar)
shy: blyg (blygt, blyga)
siblings: (N) syskon (syskon)
sick: sjuk (sjukt, sjuka)
side dish: (U) sidorätt (sidorätter)
side door: (U) sidodörr (sidodörrar)
side effect: (U) biverkning (biverkningar)
Sierra Leone: Sierra Leone
signal: (U) täckning (täckningar)
signature: (U) namnteckning (namnteckningar)
silent: tyst (tyst, tysta)
silicon: (N) kisel (kisel)
silk: (N) siden (siden)
silly: fånig (fånigt, fåniga)
silver: (N) silver (silver)
silver medal: (U) silvermedalj (silvermedaljer)
sing: att sjunga (sjunger - sjöng - sjungit)
Singapore: Singapore
singer: (U) sångare (sångare)
single room: (N) enkelrum (enkelrum)
sink: (U) diskho (diskhoar)
siren: (U) siren (sirener)
sister-in-law: (U) svägerska (svägerskor)
sit: att sitta (sitter - satt - suttit)
sit-ups: situp (situps)
skateboarding: skateboard
skates: (U) skridsko (skridskor)
skeleton: skeleton , (N) skelett (skelett)
skewer: (N) grillspett (grillspett)
ski: (U) skida (skidor)
skiing: skidåkning
ski jumping: backhoppning

skinny: mager (magert, magra)
ski pole: (U) skidstav (skidstavar)
ski resort: (U) skidort (skidorter)
skirt: (U) kjol (kjolar)
ski suit: (U) skiddräkt (skiddräkter)
skull: (U) skalle (skallar)
skyscraper: (U) skyskrapa (skyskrapor)
sledge: (U) släde (slädar)
sleep: att sova (sover - sov - sovit)
sleeping bag: (U) sovsäck (sovsäckar)
sleeping mask: (U) sovmask (sovmaskar)
sleeping pill: (U) sömntablett (sömntabletter)
sleeve: (U) ärm (ärmar)
slide: (U) rutschkana (rutschkanor)
slim: smal (smalt, smala)
slippers: (U) toffla (tofflor)
slope: (U) sluttning (sluttningar)
Slovakia: Slovakien
Slovenia: Slovenien
slow: långsam (långsamt, långsamma)
small: liten (litet, lilla)
small intestine: (U) tunntarm (tunntarmar)
smartphone: (U) smarttelefon (smarttelefoner)
smell: att lukta (luktar - luktade - luktat)
smile: att le (ler - log - lett)
smoke: att röka (röker - rökte - rökt)
smoke detector: (U) brandvarnare (brandvarnare)
smoothie: (U) smoothie (smoothies)
smoothing plane: (U) hyvel (hyvlar)
snack: (N) mellanmål (mellanmål)
snail: (U) snigel (sniglar)
snake: (U) orm (ormar)
snare drum: (U) virveltrumma (virveltrummor)
snooker: snooker
snooker table: (N) snookerbord (snookerbord)
snow: (U) snö (snö)
snowboarding: snowboardåkning
snowmobile: (U) snöskoter (snöskotrar)
soap: (U) tvål (tvålar)
sober: nykter (nyktert, nyktra)
social media: (N) sociala medier (sociala medier)
sock: (U) socka (sockor)
soda: (N) sodavatten (sodavatten)
sodium: (N) natrium (natrium)
sofa: (U) soffa (soffor)
soft: mjuk (mjukt, mjuka)
soil: (U) jord (jord)
solar eclipse: (U) solförmörkelse (solförmörkelser)
solar panel: (U) solpanel (solpaneler)
soldier: (U) soldat (soldater)
sole: (U) sula (sulor)
solid: (U) fast form (fasta former)
Solomon Islands: Salomonöarna
Somalia: Somalia
son: (U) son (söner)
son-in-law: (U) svärson (svärsöner)
soother: (U) napp (nappar)
sore throat: (N) halsont (halsont)

sorry: förlåt
soup: (U) soppa (soppor)
sour: sur (surt, sura)
sour cream: (U) gräddfil (gräddfilar)
south: syd
South Africa: Sydafrika
southern hemisphere: (N) södra halvklotet (södra halvklotet)
South Korea: Sydkorea
South Pole: (U) Sydpolen (Sydpolen)
South Sudan: Sydsudan
souvenir: (U) souvenir (souvenirer)
soy: (U) soja (soja)
soy milk: (U) sojamjölk (sojamjölk)
space: (N) mellanslag (mellanslag)
space shuttle: (U) rymdfärja (rymdfärjor)
space station: (U) rymdstation (rymdstationer)
space suit: (U) rymddräkt (rymddräkter)
spaghetti: (U) spaghetti (spaghetti)
Spain: Spanien
Spanish: (U) spanska (spanska)
sparkling wine: (N) mousserande vin (mousserande viner)
speed limit: (U) hastighetsbegränsning (hastighetsbegränsningar)
speedometer: (U) hastighetsmätare (hastighetsmätare)
speed skating: skridskolöpning
sperm: (U) sperma (sperma)
sphere: (U) sfär (sfärer)
spider: (U) spindel (spindlar)
spinach: (U) spenat (spenat)
spinal cord: (U) ryggmärg (ryggmärgar)
spine: (U) ryggrad (ryggrader)
spirit level: (N) vattenpass (vattenpass)
spit: att spotta (spottar - spottade - spottat)
spleen: (U) mjälte (mjältar)
sponge: (U) kökssvamp (kökssvampar)
spoon: (U) sked (skedar)
sports ground: (U) idrottsplats (idrottsplatser)
sports shop: (U) sportaffär (sportaffärer)
spray: (U) spray (sprayer)
spring: (U) vår (vårar)
spring onion: (U) vårlök (vårlökar)
spring roll: (U) vårrulle (vårrullar)
sprint: kortdistanslöpning
square: kantig (kantigt, kantiga), (U) kvadrat (kvadrater), (N) torg (torg)
square meter: (U) kvadratmeter (kvadratmeter)
squat: knäböj (knäböjningar)
squid: (U) tioarmad bläckfisk (tioarmade bläckfiskar)
squirrel: (U) ekorre (ekorrar)
Sri Lanka: Sri Lanka
staff: (U) personal (personal)
stage: (U) scen (scener)
stairs: (U) trappa (trappor)
stalk: (U) stjälk (stjälkar)
stamp: (N) frimärke (frimärken)
stand: att stå (står - stod -stått)
stapler: (U) häftapparat (häftapparater)
star: (U) stjärna (stjärnor)
stare: att stirra (stirrar - stirrade - stirrat)
starfish: (U) sjöstjärna (sjöstjärnor)

starter: (U) förrätt (förrätter)
state: (U) stat (stater)
steak: (U) biff (biffar)
steal: att stjäla (stjäl - stal - stulit)
steam train: (N) ånglok (ånglok)
steel: (N) stål (stål)
steel beam: (U) stålbalk (stålbalkar)
steep: brant (brant, branta)
steering wheel: (U) ratt (rattar)
stepdaughter: (U) styvdotter (styvdöttrar)
stepfather: (U) styvfar (styvfäder)
stepmother: (U) styvmor (styvmödrar)
stepson: (U) styvson (styvsöner)
stethoscope: (N) stetoskop (stetoskop)
stewardess: (U) flygvärdinna (flygvärdinnor)
stockbroker: (U) börsmäklare (börsmäklare)
stock exchange: (U) aktiebörs (aktiebörser)
stocking: (U) strumpa (strumpor)
stomach: (U) magsäck (magsäckar)
stomach ache: (N) magont (magont)
stool: (U) pall (pallar)
stopwatch: (N) tidtagarur (tidtagarur)
stork: (U) stork (storkar)
storm: (U) storm (stormar)
straight: rak , rakt
straight line: (U) rak linje (raka linjer)
strange: konstig (konstigt, konstiga)
strawberry: (U) jordgubbe (jordgubbar)
stream: (U) bäck (bäckar)
street food: (U) gatumat (gatumat)
street light: (U) gatubelysning (gatubelysningar)
stress: (U) stress (stress)
stretching: stretching (stretching)
strict: strikt (strikt, strikta)
stroke: (U) stroke (strokes)
strong: stark (starkt, starka)
strontium: (N) strontium (strontium)
study: att studera (studerar - studerade - studerat)
stupid: dum (dumt, dumma)
submarine: (U) ubåt (ubåtar)
subtraction: (U) subtraktion (subtraktioner)
suburb: (U) förort (förorter)
subway: (U) tunnelbana (tunnelbanor)
Sudan: Sudan
suddenly: plötsligt
Sudoku: (N) Sudoku (Sudoku)
sugar: (N) socker (socker)
sugar beet: (U) sockerbeta (sockerbetor)
sugar cane: (N) sockerrör (sockerrör)
sugar melon: (U) sockermelon (sockermeloner)
suit: (U) kostym (kostymer)
sulphur: (N) svavel (svavel)
summer: (U) sommar (somrar)
sun: (U) sol (solar)
sunburn: (U) solbränna (solbrännor)
Sunday: (U) söndag (söndagar)
sunflower: (U) solros (solrosor)
sunflower oil: (U) solrosolja (solrosoljor)

sunglasses: (N) solglasögon (solglasögon)
sun hat: (U) solhatt (solhattar)
sunny: solig (soligt, soliga)
sunscreen: (N) solskyddsmedel (solskyddsmedel)
sunshine: (N) solsken (solsken)
supermarket: (U) stormarknad (stormarknader)
surfboard: (U) surfingbräda (surfingbrädor)
surfing: surfing
surgeon: (U) kirurg (kirurger)
surgery: (U) operation (operationer), (U) kirurgi
Suriname: Surinam
surprised: överraskad (överraskat, överraskade)
sushi: (U) sushi (sushis)
suspect: (U) misstänkt (misstänkta)
suture: (N) stygn (stygn)
swallow: att svälja (sväljer - svalde - svalt)
swan: (U) svan (svanar)
Swaziland: Swaziland
sweatband: (N) svettband (svettband)
sweater: (U) tröja (tröjor)
sweatpants: (U) mjukisbyxa (mjukisbyxor)
Sweden: Sverige
sweet: söt (sött, söta)
sweet potato: (U) sötpotatis (sötpotatisar)
swim: att simma (simmar - simmade - simmat)
swim cap: (U) badmössa (badmössor)
swim goggles: (N) simglasögon (simglasögon)
swimming: simning
swimming pool: (U) simbassäng (simbassänger)
swimsuit: (U) baddräkt (baddräkter)
swim trunks: (U) badbyxa (badbyxor)
swing: (U) gunga (gungor)
Switzerland: Schweiz
symphony: (U) symfoni (symfonier)
synagogue: (U) synagoga (synagogor)
synchronized swimming: konstsim
Syria: Syrien
syringe: (U) spruta (sprutor)
São Tomé and Príncipe: São Tomé och Príncipe

T

T-shirt: (U) T-shirt (T-shirts)
table: (N) bord (bord)
tablecloth: (U) duk (dukar)
table of contents: (U) innehållsförteckning (innehållsförteckningar)
table tennis: bordtennis
table tennis table: (N) bordtennisbord (bordtennisbord)
taekwondo: taekwondo
tailor: (U) skräddare (skräddare)
Taiwan: Taiwan
Tajikistan: Tadzjikistan
take: att ta (tar - tog - tagit)
take a shower: att ta en dusch (tar en dusch - tog en dusch - tagit en dusch)
take care: ta hand om dig
talk: att prata (pratar - pratade - pratat)
tall: lång (långt, långa)

tambourine: (U) tamburin (tamburiner)
tampon: (U) tampong (tamponger)
tandem: (U) tandemcykel (tandemcyklar)
tangent: (U) tangent (tangenter)
tango: (U) tango (tangos)
tank: (U) pansarvagn (pansarvagnar)
tantalum: (U) tantal (tantal)
Tanzania: Tanzania
tap: (U) vattenkran (vattenkranar)
tape measure: (N) måttband (måttband)
tapir: (U) tapir (tapirer)
tap water: (N) kranvatten (kranvatten)
tar: (U) tjära (tjära)
tarantula: (U) fågelspindel (fågelspindlar)
tattoo: (U) tatuering (tatueringar)
tax: (U) skatt (skatter)
taxi: (U) taxi (taxis)
taxi driver: (U) taxichaufför (taxichaufförer)
tea: (N) te (te)
teacher: (U) lärare (lärare)
teapot: (U) tekanna (tekannor)
technetium: (N) teknetium (teknetium)
telephone: (U) telefon (telefoner)
telephone number: (N) telefonnummer (telefonnummer)
telescope: (N) teleskop (teleskop)
tellurium: (U) tellur (tellur)
temperature: (U) temperatur (temperaturer)
temple: (U) tinning (tinningar), (N) tempel (tempel)
tendon: (U) sena (senor)
tennis: tennis
tennis ball: (U) tennisboll (tennisbollar)
tennis court: (U) tennisbana (tennisbanor)
tennis racket: (N) tennisracket (tennisracketar)
tent: (N) tält (tält)
tequila: (U) tequila (tequila)
terbium: (N) terbium (terbium)
term: (U) termin (terminer)
termite: (U) termit (termiter)
terrace: (U) terrass (terrasser)
territory: (N) territorium (territorier)
testament: (N) testamente (testamenten)
testicle: (U) testikel (testiklar)
Tetris: (N) tetris (tetris)
text: (U) text (texter)
textbook: (U) lärobok (läroböcker)
text message: (N) SMS (SMS)
Thailand: Thailand
thallium: (N) tallium (tallium)
Thanksgiving: (U) thanksgiving (thanksgiving)
thank you: tack
that: det där
theatre: (U) teater (teatrar)
The Bahamas: Bahamas
the day after tomorrow: övermorgon (övermorgon)
the day before yesterday: förrgår (förrgår)
The Gambia: Gambia
their company: deras företag
theme park: (U) nöjespark (nöjesparker)

then: sedan
theory of relativity: (U) relativitetsteori (relativitetsteorier)
there: där
thermal underwear: (U) långkalsong (långkalsonger)
thermos jug: (U) termos (termosar)
thesis: (U) avhandling (avhandlingar)
The United States of America: Amerikas förenta stater
they: de/dem
thief: (U) tjuv (tjuvar)
think: att tänka (tänker - tänkte - tänkt)
third: tredje (tredje)
thirsty: törstig (törstigt, törstiga)
this: det här
this month: den här månaden (den här månaden)
this week: den här veckan (den här veckan)
this year: det här året (det här året)
thong: (U) stringtrosa (stringtrosor)
thorium: (N) torium (torium)
threaten: att hota (hotar - hotade - hotat)
three quarters of an hour: fyrtiofem minuter
thriller: (U) thriller (thrillrar)
throttle: (U) gaspedal (gaspedaler)
throw: att kasta (kastar - kastade - kastat)
thulium: (N) tulium (tulium)
thumb: (U) tumme (tummar)
thunder: (U) åska (åskor)
thunderstorm: (N) åskväder (åskväder)
Thursday: (U) torsdag (torsdagar)
thyme: (U) timjan (timjan)
ticket: (U) biljett (biljetter)
ticket office: (U) biljettlucka (biljettluckor)
ticket vending machine: (U) biljettautomat (biljettautomater)
tidal wave: (U) flodvåg (flodvågor)
tie: (U) slips (slipsar)
tiger: (U) tiger (tigrar)
tile: (N) kakel (kakel)
timetable: (U) tidtabell (tidtabeller)
tin: (N) tenn (tenn), (U) konservburk (konservburkar)
tip: (U) dricks (dricks)
tired: trött (trött, trötta)
tissue: (U) näsduk (näsdukar)
titanium: (N) titan (titan)
toaster: (U) brödrost (brödrostar)
tobacco: (U) tobak (tobak)
today: i dag (i dag)
toe: (U) tå (tår)
tofu: (U) tofu (tofu)
together: tillsammans
Togo: Togo
toilet: (U) toalett (toaletter)
toilet brush: (U) toalettborste (toalettborstar)
toilet paper: (N) toalettpapper (toalettpapper)
toll: (U) vägtull (vägtullar)
tomasauce: (U) ketchup (ketchupar)
tomato: (U) tomat (tomater)
tomorrow: i morgon (i morgon)
ton: (N) ton (ton)
Tonga: Tonga

tongue: (U) tunga (tungor)
tooth: (U) tand (tänder)
toothache: (U) tandvärk (tandvärkar)
toothbrush: (U) tandborste (tandborstar)
toothpaste: (U) tandkräm (tandkrämer)
torch: (U) ficklampa (ficklampor)
tornado: (U) tornado (tornadoer)
tortoise: (U) sköldpadda (sköldpaddor)
touch: att röra (rör - rörde - rört)
tour guide: (U) guide (guider)
tourist attraction: (U) turistattraktion (turistattraktioner)
tourist guide: (U) turistguide (turistguider)
tourist information: (U) turistinformation (turistinformationer)
towel: (U) handduk (handdukar)
town hall: (N) stadshus (stadshus)
toy shop: (U) leksaksaffär (leksaksaffärer)
track cycling: bancykling
tracksuit: (U) träningsoverall (träningsoveraller)
tractor: (U) traktor (traktorer)
traffic jam: (U) trafikstockning (trafikstockningar)
traffic light: (N) trafikljus (trafikljus)
trailer: (N) släp (släp)
train: (N) tåg (tåg)
train driver: (U) tågförare (tågförare)
trainers: (U) träningssko (träningsskor)
train station: (U) järnvägsstation (järnvägsstationer)
tram: (U) spårvagn (spårvagnar)
trampoline: (U) trampolin (trampoliner)
trapezoid: (U) parallelltrapets (parallelltrapetser)
travel: att resa (reser - reste - rest)
travel agent: (U) resebyråagent (resebyråagenter)
treadmill: löpband (löpband)
tree: (N) träd (träd)
tree house: (U) träkoja (träkojor)
triangle: (U) triangel (trianglar)
triathlon: triathlon
Trinidad and Tobago: Trinidad och Tobago
triple jump: tresteg
triplets: (U) trilling (trillingar)
tripod: (N) stativ (stativ)
trombone: (U) trombon (tromboner)
tropics: (U) tropikerna (tropikerna)
trousers: (U) byxa (byxor)
truffle: (U) tryffel (tryfflar)
trumpet: (U) trumpet (trumpeter)
trunk: (U) trädstam (trädstammar)
tuba: (U) tuba (tubor)
Tuesday: (U) tisdag (tisdagar)
tulip: (U) tulpan (tulpaner)
tuna: (U) tonfisk (tonfiskar)
tungsten: (U) volfram (volfram)
Tunisia: Tunisien
Turkey: Turkiet
turkey: (U) kalkon (kalkoner), (N) kalkonkött (kalkonkött)
Turkmenistan: Turkmenistan
turnip cabbage: (U) kålrabbi (kålrabbi)
turn left: sväng vänster
turn off: att stänga av (stänger av - stängde av - stängt av)

turn on: att sätta på (sätter på - satt på - satt på)
turn right: sväng höger
turtle: (U) havssköldpadda (havssköldpaddor)
Tuvalu: Tuvalu
TV: (U) TV (TV)
TV series: (U) TV-serie (TV-serier)
TV set: (U) TV-apparat (TV-apparater)
tweezers: (U) pincett (pincetter)
twins: (U) tvilling (tvillingar)
twisting: vridande
two o'clock in the afternoon: klockan två på eftermiddagen
typhoon: (U) tyfon (tyfoner)
tyre: (N) däck (däck)

U

Uganda: Uganda
ugly: ful (fult, fula)
Ukraine: Ukraina
ukulele: (U) ukulele (ukuleles)
ultrasound machine: (U) ultraljudsmaskin (ultraljudsmaskiner)
umbrella: (N) paraply (paraplyer)
uncle: (U) morbror/farbror (morbröder/farbröder)
underpants: (U) kalsong (kalsonger)
underpass: (U) tunnel (tunnlar)
underscore: (N) understreck (understreck)
undershirt: (U) undertröja (undertröjor)
unfair: orättvis (orättvist, orättvisa)
uniform: (U) uniform (uniformer)
United Arab Emirates: Förenade arabemiraten
United Kingdom: Storbritannien
university: (N) universitet (universitet)
uranium: (N) uran (uran)
Uranus: Uranus
url: (U) URL (URL:er)
urn: (U) urna (urnor)
urology: (U) urologi
Uruguay: Uruguay
USB stick: (U) USB-sticka (USB-stickor)
uterus: (U) livmoder (livmodrar)
utility knife: (U) brytbladskniv (brytbladsknivar)
Uzbekistan: Uzbekistan

V

vacuum: att dammsuga (dammsuger - dammsög - dammsugit)
vacuum cleaner: (U) dammsugare (dammsugare)
vagina: (U) vagina (vaginor)
valley: (U) dal (dalar)
vanadium: (N) vanadin (vanadin)
vanilla: (U) vanilj (vanilj)
vanilla sugar: (N) vaniljsocker (vaniljsocker)
Vanuatu: Vanuatu
varnish: (U) lack (lacker)
vase: (U) vas (vaser)

Vatican City: Vatikanstaten
veal: (N) kalvkött (kalvkött)
vector: (U) vektor (vektorer)
vein: (U) ven (vener)
Venezuela: Venezuela
Venus: Venus
vertebra: (U) kota (kotor)
very: väldigt
vet: (U) veterinär (veterinärer)
Viennese waltz: (U) wienervals (wienervalser)
Vietnam: Vietnam
village: (U) by (byar)
vinegar: (U) vinäger (vinägrar)
viola: (U) altfiol (altfioler)
violin: (U) fiol (fioler)
virus: (N) virus (virus)
visa: (N) visum (visa)
visiting hours: (U) besökstid (besökstider)
visitor: (U) besökare (besökare)
vitamin: (U) vitamin (vitaminer)
vocational training: (U) yrkesutbildning (yrkesutbildningar)
vodka: (U) vodka (vodka)
voice message: (N) röstmeddelande (röstmeddelanden)
volcano: (U) vulkan (vulkaner)
volleyball: volleyboll
volt: (U) volt (volt)
volume: (U) volym (volymer)
vomit: att kräkas (kräks - kräktes - kräkts)
vote: att rösta (röstar - röstade - röstat)

W

waffle: (U) våffla (våfflor)
waist: (U) midja (midjor)
wait: att vänta (väntar - väntade - väntat)
waiter: (U) servitör (servitörer)
waiting room: (N) väntrum (väntrum)
walk: att gå (går - gick - gått)
walkie-talkie: (U) walkie-talkie (walkie-talkies)
wall: (U) vägg (väggar)
wallet: (U) plånbok (plånböcker)
walnut: (U) valnöt (valnötter)
walrus: (U) valross (valrossar)
waltz: (U) långsam vals (långsamma valser)
wardrobe: (U) garderob (garderober)
warehouse: (N) lager (lager)
warm: varm (varmt, varma)
warm-up: uppvärmning (uppvärmningar)
warn: att varna (varnar - varnade - varnat)
warning light: (N) varningsljus (varningsljus)
warranty: (U) garanti (garantier)
wash: att tvätta (tvättar - tvättade - tvättat)
washing machine: (U) tvättmaskin (tvättmaskiner)
washing powder: (N) tvättmedel (tvättmedel)
wasp: (U) geting (getingar)
watch: att titta (tittar - tittade - tittat), (N) armbandsur (armbandsur)
water: (N) vatten (vatten)

water bottle: (U) vattenflaska (vattenflaskor)
water can: (U) vattenkanna (vattenkannor)
waterfall: (N) vattenfall (vattenfall)
water melon: (U) vattenmelon (vattenmeloner)
water park: (U) vattenpark (vattenparker)
water polo: vattenpolo
waterskiing: vattenskidåkning
water slide: (U) vattenrutschkana (vattenrutschkanor)
watt: (U) watt (watt)
we: vi
weak: svag (svagt, svaga)
webcam: (U) webbkamera (webbkameror)
website: (U) webbsida (webbsidor)
wedding: (N) bröllop (bröllop)
wedding cake: (U) bröllopstårta (bröllopstårtor)
wedding dress: (U) brudklänning (brudklänningar), (U) bröllopsklänning (bröllopsklänningar)
wedding ring: (U) vigselring (vigselringar)
Wednesday: (U) onsdag (onsdagar)
weed: (N) ogräs (ogräs)
week: (U) vecka (veckor)
weightlifting: tyngdlyftning
welcome: välkommen
well-behaved: skötsam (skötsamt, skötsamma)
wellington boots: (U) gummistövel (gummistövlar)
west: väst
western film: (U) västernfilm (västernfilmer)
wet: blöt (blött, blöta)
wetsuit: (U) våtdräkt (våtdräkter)
whale: (U) val (valar)
what: vad
What's your name?: Vad heter du?
wheat: (N) vete (veten)
wheelbarrow: (U) skottkärra (skottkärror)
wheelchair: (U) rullstol (rullstolar)
when: när
where: var
Where is the toilet?: Var är toaletten?
which: vilken
whip: (U) piska (piskor)
whipped cream: (U) vispgrädde (vispgrädde)
whiskey: (U) whisky (whiskys)
whisper: att viska (viskar - viskade - viskat)
white: vit (vitt, vita)
white wine: (N) vitt vin (vita viner)
who: vem
why: varför
widow: (U) änka (änkor)
widower: (U) änkling (änklingar)
width: (U) bredd (bredder)
wife: (U) maka (makor)
wig: (U) peruk (peruker)
willow: (N) pilträd (pilträd)
win: att vinna (vinner - vann - vunnit)
wind: (U) vind (vindar)
wind farm: (N) vindkraftverk (vindkraftverk)
window: (N) fönster (fönster)
windpipe: (N) luftrör (luftrör)
windscreen: (U) vindruta (vindrutor)

windscreen wiper: (U) vindrutetorkare (vindrutetorkare)
windsurfing: vindsurfing
windy: blåsigt (blåsigt, blåsiga)
wine: (N) vin (viner)
wing: (U) vinge (vingar)
wing mirror: (U) sidospegel (sidospeglar)
winter: (U) vinter (vintrar)
wire: (U) tråd (trådar)
witness: (N) vittne (vittnen)
wolf: (U) varg (vargar)
woman: (U) kvinna (kvinnor)
womb: (U) livmoder (livmodrar)
wooden beam: (U) träbalk (träbalkar)
wooden spoon: (U) träslev (träslevar)
woodwork: (N) träsnideri (träsniderier)
wool: (U) ull (ull)
work: att arbeta (arbetar - arbetade - arbetat)
workroom: (N) arbetsrum (arbetsrum)
world record: (N) världsrekord (världsrekord)
worried: orolig (oroligt, oroliga)
wound: (N) sår (sår)
wrestling: brottning
wrinkle: (U) rynka (rynkor)
wrist: (U) handled (handleder)
write: att skriva (skriver - skrev - skrivit)
wrong: fel (fel, fel)

X

X-ray photograph: (U) röntgenbild (röntgenbilder)
xenon: (N) xenon (xenon)
xylophone: (U) xylofon (xylofoner)

Y

yacht: (U) yacht (yachter)
yard: (U) yard (yard)
year: (N) år (år)
yeast: (U) jäst (jäst)
yellow: gul (gult, gula)
Yemen: Jemen
yen: (U) yen (yen)
yesterday: i går (i går)
yoga: yoga
yoghurt: (U) yoghurt (yoghurtar)
yolk: (U) äggula (äggulor)
you: du , ni
young: ung (ungt, unga)
your cat: din katt
your team: ditt lag
ytterbium: (N) ytterhium (ytterbium)
yttrium: (N) yttrium (yttrium)
yuan: (U) yuan (yuan)

Z

Zambia: Zambia
zebra: (U) zebra (zebror)
Zimbabwe: Zimbabwe
zinc: (U) zink (zink)
zip code: (N) postnummer (postnummer)
zipper: (U) dragkedja (dragkedjor)
zirconium: (N) zirkonium (zirkonium)
zoo: (U) djurpark (djurparker)

Swedish - English

A

addition: addition
adress: address
advokat: lawyer
aerobics: aerobics
affärsklass: business class
affärsmiddag: business dinner
affärsresa: business trip
Afghanistan: Afghanistan
aftershave: aftershave
aftonklänning: evening dress
airbag: airbag
akacia: acacia
aktie: share
aktiebörs: stock exchange
aktiekurs: share price
aktinium: actinium
akupunktur: acupuncture
akut: emergency room
akvarium: aquarium
Albanien: Albania
alfabet: alphabet
Algeriet: Algeria
alla: all
allergi: allergy
alltid: always
altfiol: viola
aluminium: aluminium
Amazon: Amazon
ambassad: embassy
ambulans: ambulance
americium: americium
Amerikanska Samoa: American Samoa
Amerikansk fotboll: American football
amerikansk fotboll: football
Amerikas förenta stater: The United States of America
ampere: ampere
ananas: pineapple
Anderna: Andes
Andorra: Andorra
andra: other
andra källarvåningen: second basement floor
Angola: Angola
anka: duck
ankare: anchor
ankomst: arrival
anorak: anorak
ansiktskräm: face cream
ansiktsmask: face mask
ansiktspuder: face powder
ansiktstoner: facial toner
anslagstavla: bulletin board

anställd: employee
anteckning: note
anteckningsblock: notebook
antibiotikum: antibiotics
Antigua och Barbuda: Antigua and Barbuda
antimon: antimony
antirynkkräm: antiwrinkle cream
antiseptikum: antiseptic
anus: anus
apa: monkey
apelsin: orange
apelsinjuice: orange juice
apostrof: apostrophe
apotek: pharmacy
apotekare: pharmacist
app: app
aprikos: apricot
april: April
arabiska: Arabic
arbetsgivare: employer
arbetsrum: workroom
area: area
arg: angry
Argentina: Argentina
argon: argon
aritmetik: arithmetic
arkitekt: architect
arm: arm
armband: bracelet
armbandsur: watch
armbåge: elbow
Armenien: Armenia
armhävning: push-up
aromaterapi: aromatherapy
arsenik: arsenic
artikel: article
artär: artery
Aruba: Aruba
arv: heritage
arvinge: heir
asfalt: asphalt
aska: ash
aspirin: aspirin
assistent: assistant
astat: astatine
asteroid: asteroid
astma: asthma
Atlanten: Atlantic Ocean
atmosfär: atmosphere
atom: atom
atomnummer: atomic number
att andas: to breathe
att arbeta: to work
att attackera: to attack
att baka: to bake
att be: to pray
att betala: to pay
att bita: to bite

att borra: to drill
att brinna: to burn
att bråka: to argue
att bära: to carry
att citera: to quote
att dammsuga: to vacuum
att dela: to share
att dra: to pull
att dricka: to drink
att drömma: to dream
att dö: to die
att döda: to kill
att falla: to fall
att fira: to celebrate
att fiska: to fish
att flyga: to fly
att fråga: to ask
att fånga: to catch
att följa: to follow
att förlora: to lose
att försvara: to defend
att ge: to give
att ge en massage: to give a massage
att gifta sig: to marry
att gräva: to dig
att gråta: to cry
att gå: to walk
att gå ned i vikt: to lose weight
att gå upp i vikt: to gain weight
att gömma: to hide
att hamra: to hammer
att hitta: to find
att hjälpa: to help
att hoppa: to jump
att hota: to threaten
att kasta: to throw
att klättra: to climb
att koka: to boil
att komma: to come
att kopiera: to copy
att krympa: to shrink
att krypa: to crawl
att kräkas: to vomit
att kyssa: to kiss
att köpa: to buy
att laga: to fix
att le: to smile
att leta efter: to look for
att leva: to live
att leverera: to deliver
att ligga: to lie
att lukta: to smell
att lyfta: to lift
att lyssna: to listen
att lägga: to put
att läsa: to read
att låsa: to lock
att mata: to feed

att misslyckas: to fail
att mäta: to measure
att måla: to paint
att njuta av: to enjoy
att prata: to talk
att resa: to travel
att ringa: to call
att rulla: to roll
att rysa: to shiver
att rädda: to rescue
att räkna: to count
att räkna ut: to calculate
att röka: to smoke
att röra: to touch
att rösta: to vote
att simma: to swim
att sitta: to sit
att sjunga: to sing
att skada: to injure
att skanna: to scan
att skjuta: to shoot
att skratta: to laugh
att skrika: to shout
att skriva: to write
att skriva ut: to print
att skära: to cut
att slå: to hit
att slåss: to fight
att sova: to sleep
att sparka: to kick
att spela: to play
att spotta: to spit
att springa: to run
att steka: to fry
att stirra: to stare
att stjäla: to steal
att stryka: to iron
att studera: to study
att städa: to clean
att stänga: to close
att stänga av: to turn off
att stå: to stand
att svara: to answer
att svimma: to faint
att svälja: to swallow
att sälja: to sell
att sätta på: to turn on
att såga: to saw
att ta: to take
att ta en dusch: to take a shower
att tillaga: to cook
att tippa: to bet
att titta: to watch
att tjäna: to earn
att torka: to dry
att trycka: to push
att trycka på: to press
att träffa: to meet

att tvätta: to wash
att tycka om: to like
att tänka: to think
att varna: to warn
att veta: to know
att vila: to rest
att vinna: to win
att viska: to whisper
att välja: to choose
att vänta: to wait
att växa: to grow
att älska: to love
att äta: to eat
att öppna: to open
att öva: to practice
aubergine: aubergine
augusti: August
Australien: Australia
Australisk fotboll: Australian football
automatisk växling: automatic
avdelning: department
aveny: avenue
avgasrör: exhaust pipe
avgång: departure
avhandling: thesis
avokado: avocado
avtalad tid: appointment
axel: shoulder
Azerbajdzjan: Azerbaijan

B

babyvakt: baby monitor
backgammon: backgammon
backhoppning: ski jumping
backspegel: rear mirror
bacon: bacon
badbyxa: swim trunks
baddräkt: swimsuit
badhandduk: bath towel
badkar: bathtub
badminton: badminton
badmintonboll: shuttlecock
badmössa: swim cap
badrock: bathrobe
badrum: bathroom
badtoffla: bathroom slippers
bagage: luggage
Bahamas: The Bahamas
Bahrain: Bahrain
bak: back
bakad böna: baked beans
bakljus: rear light
baklucka: rear trunk
bakpulver: baking powder
baksäte: back seat
bakterie: bacterium

balett: ballet
balettsko: ballet shoes
balkong: balcony
bambu: bamboo
banan: banana
bancykling: track cycling
bandage: bandage
Bangladesh: Bangladesh
banhoppning: show jumping
bankkonto: bank account
bankomat: cash machine
banköverföring: bank transfer
bar: bar
Barbados: Barbados
barium: barium
barm: bosom
barn: child
barnbarn: grandchild
barnkammare: nursery
barnmorska: midwife
barnvagn: pushchair
bartender: barkeeper
baseballkeps: baseball cap
baseboll: baseball
basgitarr: bass guitar
basilika: basil
basket: basketball
basketboll: basketball
basketkorg: basket
bastu: sauna
batong: baton
batteri: battery
beachvolleyboll: beach volleyball
bebis: baby
begravning: funeral
beige: beige
Belgien: Belgium
Belize: Belize
belopp: amount
ben: bone
Benin: Benin
benmärg: bone marrow
benpress: leg press
bensin: petrol
bensinstation: petrol station
benskydd: shinpad
berg: mountain
berg-och-dalbana: roller coaster
bergskedja: mountain range
bergsklättring: mountaineering
berkelium: berkelium
beryllium: beryllium
besparing: savings
bestick: cutlery
besökare: visitor
besökstid: visiting hours
beteendeterapi: behaviour therapy
betong: concrete

betongblandare: concrete mixer
bevis: evidence
BH: bra
Bhutan: Bhutan
bi: bee
bibliotek: library
bibliotekarie: librarian
biff: steak
bikini: bikini
bil: car
bilbarnstol: child seat
biljard: billiards
biljett: ticket
biljettautomat: ticket vending machine
biljettlucka: ticket office
biljettpris: fare
billig: cheap
bilracing: car racing
biltvätt: car wash
bindestreck: hyphen
bio: cinema
biologi: biology
bisonoxe: bison
bitsår: bite
biverkning: side effect
björk: birch
björn: bear
björnbär: blackberry
blazer: blazer
blek: pale
blind: blind
blindtarm: appendix
blixt: flash
blodig: bloody
blodprov: blood test
blomblad: petal
blomkruka: flower pot
blomkål: cauliflower
blomma: flower
blomning: blossom
blomsterhandlare: florist
blond: blond
blues: blues
bly: lead
blyertspenna: pencil
blyg: shy
bläck: ink
blädderblock: flip chart
blå: blue
blåbär: blueberry
blåmärke: bruise
blåsigt: windy
blöja: diaper
blöt: wet
bob: bobsleigh
bodybuilding: bodybuilding
bohrium: bohrium
bok: beech

bokföring: accounting
bokhandel: bookshop
bokhylla: bookshelf
bokhållare: accountant
bokning: booking
bokstav: letter
Bolivia: Bolivia
bomull: cotton
bonde: farmer
bondgård: farm
bor: boron
bord: table
bordtennis: table tennis
bordtennisbord: table tennis table
borrmaskin: drilling machine
borste: brush
Bosnien: Bosnia
bot: fine
botanisk trädgård: botanic garden
Botswana: Botswana
bottenvåning: ground floor
bowling: bowling
bowlingklot: bowling ball
boxning: boxing
boxningshandske: boxing glove
boxningsring: boxing ring
brand: fire
brandbil: fire truck
brandkår: firefighters
brandlarm: fire alarm
brandman: firefighter
brandsläckare: fire extinguisher
brandstation: fire station
brandvarnare: smoke detector
brant: steep
Brasilien: Brazil
breakdance: breakdance
bred: broad
bredd: width
bredvid: beside
brev: letter
brevbärare: postman
brevlåda: mailbox
bridge: bridge
broccoli: broccoli
brom: bromine
broms: brake
bromsljus: brake light
bronsmedalj: bronze medal
brosch: brooch
broschyr: leaflet
brosk: cartilage
brottning: wrestling
brownie: brownie
brud: bride
brudgum: groom
brudklänning: wedding dress
brun: brown

Brunei: Brunei
brunett: brunette
brunnslock: manhole cover
brygga: bridge
brysselkål: Brussels sprouts
brytbladskniv: utility knife
brädspel: board game
brännsår: burn
bråkdel: fraction
bröd: bread
brödrost: toaster
bröllop: wedding
bröllopsklänning: wedding dress
bröllopstårta: wedding cake
bröst: chest
bröstben: breastbone
bröstvårta: nipple
buffel: buffalo
buffé: buffet
bukspottkörtel: pancreas
Bulgarien: Bulgaria
bungyjump: bungee jumping
Burkina Faso: Burkina Faso
Burma: Burma
Burundi: Burundi
buske: bush
buss: bus
busschaufför: bus driver
busshållplats: bus stop
butiksmedarbetare: shop assistant
by: village
byggarbetare: construction worker
byggarbetsplats: construction site
byggnadsställning: scaffolding
byxa: trousers
bäck: stream
bäcken: pelvis
bälte: belt
bänk: bench
bänkpress: bench press
bärbar dator: laptop
bågskytte: archery
böna: bean
bönsyrsa: praying mantis
börsmäklare: stockbroker

C

californium: californium
camping: camping
campingplats: camping site
cancer: cancer
cappuccino: cappuccino
cardigan: cardigan
cashew: cashew
Caymanöarna: Cayman Islands
CD-spelare: CD player

cello: cello
Celsius: centigrade
cement: cement
cementblandare: cement mixer
centimeter: centimeter
Centralafrikanska republiken: Central African Republic
centralt affärsdistrikt: central business district (CBD)
cerium: cerium
cesium: caesium
cha-cha: cha-cha
champagne: champagne
chatt: chat
check: cheque
cheerleader: cheerleader
cheesecake: cheesecake
chef: manager
Chile: Chile
chili: chili
chips: chips
choklad: chocolate
chokladkräm: chocolate cream
cider: cider
cigarett: cigarette
cigarr: cigar
cirkel: circle
cirkelträning: circuit training
citron: lemon
citrongräs: lemongrass
cocktail: cocktail
cola: coke
Colombia: Colombia
concealer: concealer
container: container
containerfartyg: container ship
Cooköarna: Cook Islands
copernicium: copernicium
Costa Rica: Costa Rica
cricket: cricket
croissant: croissant
crosstrainer: cross trainer
crêpe: crêpe
curium: curium
curling: curling
curry: curry
cykel: bicycle
cykling: cycling
cylinder: cylinder
cymbal: cymbals
Cypern: Cyprus

D

dadel: date
dag: day
dagbok: diary
daghem: nursery
dagis: kindergarten

dal: valley
dambinda: sanitary towel
damm: dam
dammsugare: vacuum cleaner
damspel: draughts
Danmark: Denmark
dans: dancing
dansare: dancer
danssko: dancing shoes
darmstadtium: darmstadtium
dart: darts
databas: database
datortomografi: CT scanner
de/dem: they
december: December
decimeter: decimeter
delfin: dolphin
den här månaden: this month
den här veckan: this week
den lilla svarta: little black dress
deras företag: their company
dermatologi: dermatology
designer: designer
det där: that
detektiv: detective
det här: this
det här året: this year
diabetes: diabetes
diafragma: diaphragm
diagonal: diagonal
diamant: diamond
diarré: diarrhea
diesel: diesel
digitalkamera: digital camera
dill: dill
dimma: fog
dimmig: foggy
dim sum: dim sum
din katt: your cat
dinosaurie: dinosaur
diplom: diploma
direktbildskamera: instant camera
dirigent: conductor
diskho: sink
diskmaskin: dishwasher
diskuskastning: discus throw
distrikt: district
ditt lag: your team
division: division
DJ: DJ
Djibouti: Djibouti
djup: deep
djuraffär: pet shop
djurpark: zoo
docka: doll
dockhus: dollhouse
doktorsexamen: PhD
dollar: dollar

domare: referee
Dominica: Dominica
Dominikanska republiken: Dominican Republic
domino: dominoes
domkraft: jack
domstol: court
dosering: dosage
dotter: daughter
dragkedja: zipper
dragspel: accordion
dreadlocks: dreadlocks
dricks: tip
druva: grape
du: you
dubbelrum: double room
dubnium: dubnium
duk: tablecloth
dum: stupid
dusch: shower
duschdraperi: shower curtain
duschmössa: shower cap
duschtvål: shower gel
duva: pigeon
DVD-spelare: DVD player
dykmask: diving mask
dykning: diving
dyr: expensive
dysprosium: dysprosium
däck: deck
där: there
död: death
dörr: door
dörrhandtag: door handle
döv: deaf

E

e-post: e-mail
e-postadress: e-mail address
Ecuador: Ecuador
eftermiddag: afternoon
efterrätt: dessert
eftersom: because
Egypten: Egypt
einsteinium: einsteinium
ek: oak
ekonomi: economics
ekonomiklass: economy class
ekorre: squirrel
eksem: eczema
ekvation: equation
ekvator: equator
Ekvatorialguinea: Equatorial Guinea
el: power
elchock: electric shock
eld: fire
elefant: elephant

elektriker: electrician
elektron: electron
Elfenbenskusten: Ivory Coast
elgitarr: electric guitar
eller: or
ellips: ellipse
El Salvador: El Salvador
eluttag: power outlet
embryo: embryo
endokrinologi: endocrinology
energidryck: energy drink
engelska: English
en halvtimme: half an hour
enkel: easy
enkelriktad väg: one-way street
enkelrum: single room
en kvart: quarter of an hour
enorm: huge
ensam: lonely
ensemble: cast
entreprenör: entrepreneur
epilepsi: epilepsy
episiotomi: episiotomy
erbium: erbium
Eritrea: Eritrea
espresso: espresso
Estland: Estonia
Etiopien: Ethiopia
eukalyptus: eucalyptus
euro: euro
europium: europium
examen: degree
examensceremoni: graduation ceremony
eyeliner: eyeliner

F

fabrik: factory
fagott: bassoon
Fahrenheit: Fahrenheit
faktiskt: actually
falk: falcon
Falklandsöarna: Falkland Islands
fallskärm: parachute
fallskärmshoppning: parachuting
familjebild: family picture
familjeterapi: family therapy
far: father
farfar: grandfather
farmor: grandmother
fartyg: ship
fast form: solid
fastighetsagent: real-estate agent
fattig: poor
fax: fax
feber: fever
febertermometer: fever thermometer

februari: February
fel: wrong
femte våningen: fifth floor
fena: fin
feng shui: feng shui
fermium: fermium
fetaost: feta
fett kött: fat meat
ficka: pocket
ficklampa: torch
Fiji: Fiji
fikon: fig
fil: file
Filippinerna: Philippines
filmduk: screen
filosofi: philosophy
filt: blanket
filter: filter
finger: finger
fingeravtryck: fingerprint
Finland: Finland
fiol: violin
fish and chips: fish and chips
fisk: fish
fiskare: fisherman
fiskben: fishbone
fiskebåt: fishing boat
fiskmarknad: fish market
fiskmås: seagull
fjärde: fourth
fjäril: butterfly
fjärilslarv: caterpillar
fjärrkontroll: remote control
fladdermus: bat
flamingo: flamingo
flaska: bottle
flerovium: flerovium
flicka: girl
flickvän: girlfriend
flinga: cereal
flint: bald head
flip-flops: flip-flops
flod: river
flodhäst: hippo
flodvåg: tidal wave
florsocker: icing sugar
fluga: bow tie
fluor: fluorine
flygblad: flyer
flygbolag: airline
flygledare: air traffic controller
flygplan: plane
flygplats: airport
flygvärdinna: stewardess
flytväst: life jacket
fläkt: fan
fläskkött: pork
flöjt: flute

folkmusik: folk music
fontän: fountain
Formel 1: Formula 1
forskare: scientist
forskning: research
forsränning: rafting
fosfor: phosphorus
foster: foetus
fot: foot
fotboll: football
fotbollsarena: football stadium
fotbollssko: football boots
fotbollströja: jersey
fotoalbum: photo album
fotograf: photographer
foundation: foundation
fraktflygplan: cargo aircraft
fraktur: fracture
fram: front
framljus: front light
framsäte: front seat
francium: francium
Frankrike: France
franska: French
Franska Polynesien: French Polynesia
fredag: Friday
freestyle-skidåkning: freestyle skiing
frimärke: stamp
frisk: healthy
frisör: hairdresser
frostskyddsmedel: antifreeze fluid
frukost: breakfast
fruktgummi: fruit gum
frukthandlare: fruit merchant
fruktsallad: fruit salad
frys: freezer
fräkne: freckles
frågetecken: question mark
frö: seed
fuktighet: humidity
ful: ugly
full: drunk
fyllig: plump
fynd: bargain
fyr: lighthouse
fyrtiofem minuter: three quarters of an hour
fysik: physics
fysiker: physicist
fysioterapeut: physiotherapist
fysioterapi: physiotherapy
fäktning: fencing
fängelse: prison
fänkål: fennel
färg: paint
färgad: dyed
färgpenna: coloured pencil
färgvals: inking roller
färja: ferry

Färöarna: Faroe Islands
fästman: fiancé
fästmö: fiancée
få: few
fågelspindel: tarantula
fånig: silly
får: sheep
födelse: birth
födelsebevis: birth certificate
födelsedag: birthday
födelsedagsfest: birthday party
födelsedagstårta: birthday cake
följ med mig: Come with me
fönster: window
förarkabin: cockpit
föreläsare: lecturer
föreläsning: lecture
Förenade arabemiraten: United Arab Emirates
företagsledare: director
författare: author
förgiftning: poisoning
förkylning: cold
förlag: publisher
förlossning: delivery
förlovning: engagement
förlovningsring: engagement ring
förlust: loss
förlåt: sorry
förmiddag: morning
förord: preface
förort: suburb
förra månaden: last month
förra veckan: last week
förra året: last year
förrgår: the day before yesterday
förrätt: starter
förskollärare: kindergarten teacher
första: first
första klass: first class
första källarvåningen: first basement floor
första våningen: first floor
försäkring: insurance
försäljning: sales
förälder: parents
föräldralöst barn: orphan

G

Gabon: Gabon
gadolinium: gadolinium
gaffel: fork
gaffeltruck: forklift truck
galax: galaxy
galen: crazy
gallblåsa: gall bladder
gallium: gallium
Gambia: The Gambia

gammal: old
garage: garage
garagedörr: garage door
garanti: warranty
garderob: wardrobe
gardin: curtain
gas: gas
gaspedal: throttle
gatubelysning: street light
gatumat: street food
geckoödla: gecko
gejser: geyser
gem: paperclip
generator: generator
generös: generous
geografi: geography
geometri: geometry
Georgien: Georgia
gepard: cheetah
germanium: germanium
get: goat
geting: wasp
Ghana: Ghana
Gibraltar: Gibraltar
gin: gin
gips: cast
giraff: giraffe
girig: greedy
gitarr: guitar
glaciär: glacier
glad: happy
glas: glass
glasburk: jar
glass: ice cream
glasögonpar: glasses
glidflygplan: glider
glidmedel: lubricant
gluten: gluten
glödlampa: light bulb
god: good
god dag: good day
godis: candy
godståg: freight train
golf: golf
golfbana: golf course
golfboll: golf ball
golfklubba: golf club
golv: floor
gosedjur: cuddly toy
GPS: GPS
grafit: graphite
gram: gram
granit: granite
granne: neighbour
grapefrukt: grapefruit
grav: grave
graviditetstest: pregnancy test
gravitation: gravity

Grekland: Greece
gren: branch
Grenada: Grenada
grilla: barbecue
grillad kyckling: roast chicken
grillat fläsk: roast pork
grillspett: skewer
gris: pig
griskulting: piglet
groda: frog
grotta: cave
grund: shallow
grundskola: primary school
gruppterapi: group therapy
grädde: cream
gräddfil: sour cream
gränd: alley
gräs: grass
gräshoppa: grasshopper
gräsklippare: lawn mower
gräslök: chive
grävmaskin: excavator
grå: grey
grön: green
Grönland: Greenland
grönt te: green tea
gröt: porridge
Guatemala: Guatemala
guide: tour guide
Guinea: Guinea
Guinea-Bissau: Guinea-Bissau
gul: yellow
gulasch: goulash
guld: gold
guldmedalj: gold medal
Guld är dyrare än silver: Gold is more expensive than silver
gummiband: rubber band
gummibåt: rubber boat
gummistövel: wellington boots
gunga: swing
gungstol: rocking chair
gurka: cucumber
Guyana: Guyana
gym: gym
gymnasieskola: high school
gymnastik: gymnastics
gynekologi: gynaecology
gäst: guest
gågata: pedestrian area
gång: aisle
gå rakt fram: go straight
gås: goose

H

hacka: hoe
hafnium: hafnium

Haiti: Haiti
haj: shark
haka: chin
haklapp: bib
hallon: raspberry
halloween: Halloween
hallå: hello
hals: neck
halsband: necklace
halsduk: scarf
halskrage: neck brace
halsont: sore throat
halvö: peninsula
hamburgare: hamburger
hammare: hammer
hamn: harbour
hamster: hamster
han: he
hand: hand
handbagage: carry-on luggage
handboja: handcuff
handboll: handball
handbroms: hand brake
handduk: towel
handelshögskola: business school
handfat: basin
handflata: palm
handled: wrist
handske: mitt
handsåg: handsaw
handväska: handbag
hangarfartyg: aircraft carrier
hans bil: his car
hantel: dumbbell
harpa: harp
hasselnöt: hazelnut
hassium: hassium
hastighetsbegränsning: speed limit
hastighetsmätare: speedometer
hatt: hat
hav: sea
havre: oat
havregrynsgröt: oatmeal
havssköldpadda: turtle
heavy metal: heavy metal
hej: hi
hej då: good bye
hej hej: bye bye
helig: holy
helikopter: helicopter
helium: helium
hemorrojder: hemorrhoid
hennes klänning: her dress
het: hot
hexagon: hexagon
Himalaya: Himalayas
hink: bucket
hiss: elevator

historia: history
hjälm: helmet
hjärna: brain
hjärnskakning: concussion
hjärta: heart
hjärtattack: heart attack
hockeyklubba: hockey stick
holmium: holmium
homeopati: homoeopathy
hon: she
Honduras: Honduras
Hong Kong: Hong Kong
honung: honey
hosta: cough
hostmedicin: cough syrup
hotell: hotel
humla: bumblebee
hummer: lobster
hund: dog
hundkoja: kennel
hungrig: hungry
hur: how
hur mycket?: how much?
Hur mycket kostar det här?: How much is this?
hur många?: how many?
Hur mår du?: How are you?
hus: house
husvagn: caravan
huvud: head
huvudskada: head injury
huvudstad: capital
huvudvärk: headache
hydroterapi: hydrotherapy
hylla: shelf
hypnos: hypnosis
hyresvärd: landlord
hyvel: smoothing plane
häck: hedge
häcklöpning: hurdles
häftapparat: stapler
häftig: cool
häl: heel
hälsena: Achilles tendon
här: here
häst: horse
hästsvans: ponytail
hålslag: hole puncher
hårband: scrunchy
hård: hard
hårddisk: hard drive
hårgelé: hair gel
hårspänne: barrette
hårstrå: hair
hårtork: hairdryer
hög: high
högaffel: pitchfork
höger: right
höghastighetståg: high-speed train

högklackad sko: high heels
högt: loud
högtalare: loudspeaker
högt blodtryck: high blood pressure
höjd: height
höjdhopp: high jump
hörlur: earphone
hörsal: lecture theatre
hösnuva: hay fever
höst: autumn

I

icke-metall: non-metal
i dag: today
idrott: physical education
idrottsplats: sports ground
igelkott: hedgehog
igen: again
i går: yesterday
ikon: icon
illamående: nausea
i morgon: tomorrow
incheckningsdisk: check-in desk
Indien: India
Indiska oceanen: Indian Ocean
indium: indium
Indonesien: Indonesia
industriområde: industrial district
infektion: infection
influensa: flu
infusion: infusion
inga problem: no worries
ingefära: ginger
ingen: none
ingenjör: engineer
inhalator: inhaler
inkorg: inbox
innehåll: content
innehållsförteckning: table of contents
insektsmedel: insect repellent
instrumentbräda: dashboard
insulin: insulin
inte: not
intensivvårdsavdelning: intensive care unit
inuti: inside
investering: investment
Irak: Iraq
Iran: Iran
iridium: iridium
iris: iris
Irland: Ireland
is: ice
isbjörn: polar bear
ishockey: ice hockey
iskaffe: iced coffee
isklättring: ice climbing

Island: Iceland
isoleringstejp: insulating tape
isotop: isotope
Israel: Israel
isrink: ice rink
IT: IT
Italien: Italy

J

jacka: jacket
jackfrukt: jackfruit
jade: jade
jag: I
Jag behöver det här: I need this
Jag förstår inte: I don't understand
Jag gillar dig: I like you
Jag gillar inte det här: I don't like this
Jag har en hund: I have a dog
jag håller med: I agree
Jag saknar dig: I miss you
jag vet: I know
jag vet inte: I don't know
jag vill ha det här: I want this
Jag vill ha mer: I want more
Jag älskar dig: I love you
Jamaica: Jamaica
januari: January
Japan: Japan
japanska: Japanese
jazz: jazz
jeans: jeans
Jemen: Yemen
jive: jive
jobb: job
jod: iodine
jon: ion
jord: soil
Jordanien: Jordan
jordbävning: earthquake
jorden: earth
jordens kärna: earth's core
jordgubbe: strawberry
jordnöt: peanut
jordnötsolja: peanut oil
jordnötssmör: peanut butter
jordskorpan: earth's crust
journalist: journalist
judo: judo
jul: Christmas
juli: July
juni: June
Jupiter: Jupiter
juridisk avdelning: legal department
jury: jury
juvelerare: jeweller
järn: iron

järnvägsstation: train station
jäst: yeast

K

kabel: cable
kabin: cabin
kadmium: cadmium
kaffe: coffee
kaffemaskin: coffee machine
kaka: cookie
kakel: tile
kaktus: cactus
kalcit: calcite
kalcium: calcium
kalender: calendar
kalium: potassium
kalkon: turkey
kalkonkött: turkey
kalksten: limestone
kall: cold
kalsong: underpants
kalvkött: veal
kam: comb
Kambodja: Cambodia
kamel: camel
kameleont: chameleon
kamera: camera
kameraoperatör: camera operator
Kamerun: Cameroon
Kanada: Canada
kanal: channel
kandidatexamen: bachelor
Kan du hjälpa mig?: Can you help me?
kanel: cinnamon
kanin: rabbit
kanjon: canyon
kanot: canoe
kanotsport: canoeing
kantig: square
kapsel: capsule
kapten: captain
Kap Verde: Cape Verde
karate: karate
kardiologi: cardiology
karies: caries
karikatyr: caricature
karta: map
karting: kart
karusell: carousel
kasino: casino
kassaapparat: cash register
kassaskåp: safe
kassör: cashier
kastrull: pot
katedral: cathedral
kateter: catheter

katt: cat
Kazakstan: Kazakhstan
kebab: kebab
kedja: chain
kejsarsnitt: cesarean
kemi: chemistry
kemisk förening: chemical compound
kemisk reaktion: chemical reaction
kemisk struktur: chemical structure
kemist: chemist
Kenya: Kenya
ketchup: tomato sauce
kex: biscuit
keyboard: keyboard
kilogram: kilogram
Kina: China
kind: cheek
kinesisk medicin: Chinese medicine
Kirgizistan: Kyrgyzstan
Kiribati: Kiribati
kiropraktor: chiropractor
kirurg: surgeon
kirurgi: surgery
kisel: silicon
kista: coffin
kiwi: kiwi
kjol: skirt
klack: heel
klarinett: clarinet
klassisk bil: classic car
klassisk musik: classical music
klav: clef
klimp: dumpling
klinik: clinic
klippa: cliff
klippdykning: cliff diving
klitoris: clitoris
klocka: clock
klockan ett på natten: one o'clock in the morning
klockan två på eftermiddagen: two o'clock in the afternoon
klor: chlorine
klädnypa: peg
klädstorlek: dress size
klänning: dress
klättring: climbing
klöver: clover
knapp: button
kniptång: pincers
kniv: knife
knubbig: chubby
knytnäve: fist
knä: knee
knäböj: squat
knäskål: kneecap
ko: cow
koala: koala
kobolt: cobalt
kock: cook

kokosnöt: coconut
kokt: boiled
kokt ägg: boiled egg
kol: carbon
kola: caramel
koldioxid: carbon dioxide
kollega: colleague
kolmonoxid: carbon monoxide
kolon: colon
koloni: colony
komedi: comedy
komet: comet
komma: comma
kommentator: commentator
Komorerna: Comoros
kompass: compass
kon: cone
kondom: condom
konduktör: conductor
Kongo-Kinshasa: Democratic Republic of the Congo
konjak: brandy
konsert: concert
konservburk: tin
konst: art
konstgalleri: art gallery
konstig: strange
konstnär: artist
konstsim: synchronized swimming
konståkning: figure skating
konsult: consultant
kontaktlins: contact lens
kontinent: continent
kontonummer: account number
kontor: office
kontrabas: double bass
kontrolltorn: control tower
kopp: cup
koppar: copper
koppling: clutch
korallrev: coral reef
korg: basket
koriander: coriander
korkskruv: corkscrew
korp: raven
korridor: corridor
korsord: crosswords
kort: short
kortdistanslöpning: sprint
kortspel: card game
korv: sausage
Kosovo: Kosovo
kostym: suit
kota: vertebra
krabba: crab
kraft: force
kraftledning: power line
krage: collar
kramp: cramp

kranbil: crane truck
kranvatten: tap water
krater: crater
kratta: rake
kreditkort: credit card
kriminell: criminal
krita: chalk
Kroatien: Croatia
krokodil: crocodile
krom: chromium
krona: krone
kronärtskocka: artichoke
kroppslotion: body lotion
krukmakeri: pottery
krukväxt: houseplant
krycka: crutch
krypton: krypton
kryssningsfartyg: cruise ship
kräm: cream
kråka: crow
kub: cube
Kuba: Cuba
kubikmeter: cubic meter
kudde: pillow
kulle: hill
kulspetspenna: ball pen
kulstötning: shot put
kund: customer
kundkorg: shopping basket
kundvagn: shopping cart
kurva: curve
kusin: cousin
kust: coast
kuvert: envelope
Kuwait: Kuwait
kvadrat: square
kvadratmeter: square meter
kvarts: quartz
kvast: broom
kvicksilver: mercury
kvinna: woman
kväll: evening
kväve: nitrogen
kyckling: chick
kycklingkött: chicken
kyckling nugget: chicken nugget
kycklingvinge: chicken wings
kylskåp: fridge
kyrka: church
kyrkogård: cemetery
kyss: kiss
käkben: jawbone
källare: basement
känguru: kangaroo
kärlek: love
kärleksbekymmer: lovesickness
kärna: pit
kärnkraftverk: nuclear power plant

kärnmjölk: buttermilk
kärr: marsh
kål: cabbage
kålrabbi: turnip cabbage
kö: cue
kök: kitchen
kökssvamp: sponge
kön: gender
köpcentrum: shopping mall
körsbär: cherry
kött: meat
köttbulle: meatball
köttfärs: minced meat
köttgryta: hot pot

L

laboratorium: laboratory
lack: varnish
lacrosse: lacrosse
lag: law
lager: warehouse
lakrits: liquorice
lama: llama
lammkött: lamb
lampa: lamp
lampknapp: light switch
land: country
landhockey: field hockey
landningsbana: runway
lantan: lanthanum
Laos: Laos
lasagne: lasagne
lastbil: lorry
lastbilschaufför: lorry driver
lastpall: pallet
lat: lazy
latin: Latin
latinamerikansk dans: Latin dance
latitud: latitude
lava: lava
lawrencium: lawrencium
lax: salmon
ledsen: sad
leggings: leggings
lejon: lion
lekplats: playground
leksaksaffär: toy shop
lektion: lesson
lemur: lemur
leopard: leopard
lera: clay
Lesotho: Lesotho
Lettland: Latvia
levande ljus: candle
lever: liver
Libanon: Lebanon

Liberia: Liberia
Libyen: Libya
Liechtenstein: Liechtenstein
lik: corpse
likör: liqueur
lila: purple
lillasyster: little sister
lillebror: little brother
lillfinger: little finger
lim: glue
lime: lime
limousine: limousine
linbana: cable car
linjal: ruler
Litauen: Lithuania
litchi: lychee
liten: small
liter: liter
litium: lithium
litteratur: literature
livboj: life buoy
livbåt: lifeboat
livermorium: livermorium
livmoder: womb
livräddare: lifeguard
livvakt: bodyguard
ljus: light
lobby: lobby
lockig: curly
locktång: curling iron
lokomotiv: locomotive
longitud: longitude
lotusrot: lotus root
luftballong: hot-air balloon
luftkonditionering: air conditioner
luftmadrass: air mattress
luftpump: air pump
luftrör: windpipe
lufttryck: air pressure
lunch: lunch
lunga: lung
lutetium: lutetium
Luxemburg: Luxembourg
lyftkran: crane
lädersko: leather shoes
lägenhet: apartment
lägereld: campfire
läkare: physician
längdhopp: long jump
längdskidåkning: cross-country skiing
läpp: lip
läppbalsam: lip balm
läppglans: lip gloss
läppstift: lipstick
lärare: teacher
lärkträd: larch
lärling: apprentice
lärobok: textbook

läskedryck: lemonade
läsrum: reading room
lätt: light
läxa: homework
låda: drawer
låg: low
lågstadieskola: junior school
lån: loan
lång: tall
långfinger: middle finger
långkalsong: thermal underwear
långsam: slow
långsam vals: waltz
långt borta: far
lök: onion
lökring: onion ring
lön: salary
lönn: maple
lönnsirap: maple syrup
löpband: treadmill
löpning: running
lördag: Saturday
lösenord: password
löv: leaf

M

Macao: Macao
Madagaskar: Madagascar
madrass: mattress
mage: belly
mager: skinny
magert kött: lean meat
magisterexamen: master
magma: magma
magnesium: magnesium
magnet: magnet
magnetisk resonanstomografi: magnetic resonance imaging
magont: stomach ache
magsäck: stomach
maj: May
majonnäs: mayonnaise
majs: corn
majsolja: corn oil
maka: wife
make: husband
Makedonien: Macedonia
mal: moth
Malawi: Malawi
Malaysia: Malaysia
Maldiverna: Maldives
Mali: Mali
Malta: Malta
mamma: mum
man: man
mandarin: Mandarin
mandel: almond

manet: jellyfish
mangan: manganese
mango: mango
manikyr: manicure
manuell växling: gear shift
manus: script
mapp: folder
maraton: marathon
marknad: market
marknadsföring: marketing
Marocko: Morocco
mars: March
Mars: Mars
Marshallöarna: Marshall Islands
marshmallow: marshmallow
marsvin: guinea pig
martini: martini
mascara: mascara
maskinrum: engine room
maskros: dandelion
massage: massage
massör: masseur
mast: mast
matematik: mathematics
matsal: canteen
matstrupe: oesophagus
matta: carpet
Mauretanien: Mauritania
Mauritius: Mauritius
medalj: medal
Medelhavet: Mediterranean Sea
meditation: meditation
medlem: member
medlemskap: membership
meitnerium: meitnerium
mejram: marjoram
mekaniker: mechanic
mellanmål: snack
mellanslag: space
melodi: melody
men: but
mendelevium: mendelevium
meny: menu
mer: more
Merkurius: Mercury
mest: most
metall: metal
metalloid: metalloid
metan: methane
meteorit: meteorite
meter: meter
metropol: metropolis
Mexiko: Mexico
middag: dinner
middagstid: noon
midja: waist
midnatt: midnight
migrän: migraine

Mikronesien: Micronesia
mikroskop: microscope
mikrovågsugn: microwave
mile: mile
milkshake: milkshake
milliliter: milliliter
millimeter: millimeter
mindre: less
min hund: my dog
minibar: minibar
minibuss: minibus
minister: minister
minut: minute
missfall: miscarriage
misstänkt: suspect
mixer: mixer
mjuk: soft
mjukisbyxa: sweatpants
mjäll: dandruff
mjälte: spleen
mjöl: flour
mjölk: milk
mjölkpulver: milk powder
mjölkte: milk tea
mobiltelefon: mobile phone
mockakaffe: mocha
modell: model
modern femkamp: modern pentathlon
modig: brave
Moldavien: Moldova
molekyl: molecule
moln: cloud
molnig: cloudy
molybden: molybdenum
Monaco: Monaco
Mongoliet: Mongolia
monopol: Monopoly
monorail: monorail
monsun: monsoon
Montenegro: Montenegro
Montserrat: Montserrat
monument: monument
mor: mother
morbror/farbror: uncle
morfar: grandfather
morgon: morning
mormor: grandmother
morot: carrot
moské: mosque
moster/faster: aunt
motionscykel: exercise bike
motocross: motocross
motor: engine
motorcykel: motorcycle
motorcykelracing: motorcycle racing
motorhuv: bonnet
motorsåg: chainsaw
motorväg: motorway

mountain biking: mountain biking
mousserande vin: sparkling wine
mozzarella: mozzarella
Moçambique: Mozambique
MP3-spelare: MP3 player
muffin: muffin
mufti: mufti
mugg: cup
multiplikation: multiplication
mun: mouth
munk: monk
munskydd: mouthguard
munspel: harmonica
mus: mouse
museum: museum
musiker: musician
muskel: muscle
muskot: nutmeg
mygga: mosquito
mynt: coin
mynta: mint
myra: ant
myrslok: ant-eater
mässling: measles
mätt: full
mål: goal
målning: painting
månad: month
måndag: Monday
måne: moon
månförmörkelse: lunar eclipse
många: many
måttband: tape measure
möbelaffär: furniture store
mörk: dark
mössa: knit cap
mötesrum: meeting room
müsli: muesli

N

nachos: nachos
nacke: nape
nagel: fingernail
nagelfil: nail file
nagelklippare: nail clipper
nagellack: nail polish
nagellacksborttagning: nail varnish remover
nagelsax: nail scissors
Namibia: Namibia
namnteckning: signature
napp: soother
nappflaska: baby bottle
nationalpark: national park
natrium: sodium
natt: night
nattduksbord: night table

nattklubb: night club
nattlinne: nightie
Nauru: Nauru
navel: belly button
Nederländerna: Netherlands
negligé: negligee
nektar: nectar
neodym: neodymium
neon: neon
Nepal: Nepal
neptunium: neptunium
Neptunus: Neptune
nerv: nerve
neurologi: neurology
neutron: neutron
ni: you
Nicaragua: Nicaragua
nickel: nickel
Niger: Niger
Nigeria: Nigeria
niob: niobium
Niue: Niue
njure: kidney
nobelium: nobelium
nord: north
nordisk kombination: Nordic combined
Nordkorea: North Korea
Nordpolen: North Pole
Norge: Norway
norra halvklotet: northern hemisphere
norrsken: aurora
noshörning: rhino
not: note
nougat: nougat
november: November
nu: now
nudel: noodle
nunna: nun
ny: new
Nya Kaledonien: New Caledonia
Nya Zeeland: New Zealand
nyckel: key
nyckelben: collarbone
nyckelhål: keyhole
nyckelpiga: ladybird
nyckelring: key chain
nyhet: news
nyhetsankare: anchor
nyhetsbrev: newsletter
nykter: sober
nylon: nylon
nyår: New Year
nämnare: denominator
när: when
nära: close
näsa: nose
näsben: nasal bone
näsblod: nosebleed

näsborre: nostril
näsduk: tissue
nässpray: nasal spray
nästa månad: next month
nästa vecka: next week
nästa år: next year
nät: net
nätverk: network
nål: needle
nödfall: emergency
nödutgång: emergency exit
nöjesfält: fairground
nöjespark: theme park
nöt: nut
nötkött: beef

O

oboe: oboe
ocean: ocean
och: and
ofta: often
ogräs: weed
ok: ok
okra: okra
oktober: October
oktogon: octagon
oliv: olive
olivolja: olive oil
olja: oil
oljefärg: oil paint
oljepastell: oil pastel
olycka: accident
om: if
Oman: Oman
omedelbart: immediately
omklädningsrum: changing room
ond: evil
onkologi: oncology
onsdag: Wednesday
opal: opal
opera: opera
operation: surgery
operationssal: operating theatre
optiker: optician
orange: orange
ordbok: dictionary
ordförande: chairman
oregano: oregano
orgel: organ
origami: origami
orkan: hurricane
orkester: orchestra
orm: snake
ormbunke: fern
oroa dig inte: don't worry
orolig: worried

ortopedi: orthopaedics
orättvis: unfair
osmium: osmium
ost: cheese
ostburgare: cheeseburger
ovan: above

P

p-piller: birth control pill
paj: pie
paket: package
Pakistan: Pakistan
Palau: Palau
Palestina: Palestine
palett: palette
pall: stool
palladium: palladium
palm: palm tree
Panama: Panama
panda: panda
panna: forehead
pannkaka: pancake
pansarvagn: tank
papaya: papaya
papegoja: parrot
pappa: dad
papperskorg: recycle bin
paprika: pepper
paprikapulver: paprika
Papua Nya Guinea: Papua New Guinea
parabolantenn: satellite dish
paragraf: paragraph
Paraguay: Paraguay
parallellogram: rhomboid
parallelltrapets: trapezoid
paraply: umbrella
parasoll: parasol
parfym: perfume
park: park
parkering: car park
parkeringsautomat: parking meter
parmesan: parmesan
pass: passport
patient: patient
patologi: pathology
pediatrik: paediatrics
pedikyr: pedicure
pekfinger: index finger
Pekinganka: Beijing duck
pelikan: pelican
pengar: money
penis: penis
penna: pen
pennskrin: pencil case
pennvässare: pencil sharpener
pensel: brush

pension: retirement
peppar: pepper
periodiska systemet: periodic table
persika: peach
personal: staff
personalavdelning: human resources
Peru: Peru
peruk: wig
petriskål: Petri dish
piano: piano
picknick: picnic
pilates: Pilates
pilot: pilot
pilträd: willow
pincett: tweezers
pingvin: penguin
pipett: pipette
pir: pier
piska: whip
pistasch: pistachio
pistol: gun
pizza: pizza
pjäs: play
planet: planet
plast: plastic
plastpåse: plastic bag
platina: platinum
platt: flat
plattform: platform
plattskärm: flat screen
plattång: hair straightener
plommon: plum
Pluto: Pluto
plutonium: plutonium
plånbok: wallet
plåster: plaster
plötsligt: suddenly
pojke: boy
pojkvän: boyfriend
pokal: cup
poker: poker
pol: pole
Polen: Poland
polis: policeman
polisbil: police car
polisstation: police station
politik: politics
politiker: politician
polo: polo
polonium: polonium
polotröja: polo shirt
polyester: polyester
pommes frites: French fries
pop: pop
popcorn: popcorn
portfölj: portfolio
portmonnä: purse
porträtt: portrait

Portugal: Portugal
postkontor: post office
postnummer: zip code
potatis: potato
potatisklyfta: potato wedges
potatismos: mashed potatoes
potatissallad: potato salad
praktikant: intern
praseodym: praseodymium
premiärminister: prime minister
present: present
presentation: presentation
president: president
processor: central processing unit (CPU)
professor: professor
programledare: host
programmerare: programmer
projektor: projector
promenad: promenade
prometium: promethium
prostata: prostate
prostituerad: prostitute
protaktinium: protactinium
proton: proton
prov: exam
provins: province
präst: priest
prästkrage: daisy
psykiatri: psychiatry
psykoanalys: psychoanalysis
psykoterapi: psychotherapy
publik: audience
puck: puck
pudding: pudding
pudervippa: powder puff
Puerto Rico: Puerto Rico
puka: kettledrum
puls: pulse
pulver: powder
pumpa: pumpkin
pund: pound
pung: scrotum
punk: punk
punkt: full stop
pupill: pupil
purjolök: leek
pussel: puzzle
pyjamas: pyjamas
pyramid: pyramid
pärlhalsband: pearl necklace
pärm: folder
päron: pear
påfågel: peacock
påse: bag
påsk: Easter
påsklilja: daffodil
påssjuka: mumps

Q

Qatar: Qatar
quickstep: quickstep

R

rabatt: flower bed
rabbin: rabbi
racercykel: racing bicycle
rad: row
radar: radar
radie: radius
radio: radio
radiologi: radiology
radium: radium
radon: radon
rak: straight
rakapparat: shaver
rakblad: razor blade
raket: rocket
rakhyvel: razor
rak linje: straight line
raklödder: shaving foam
rakt: straight
rally: rally racing
RAM-minne: random access memory (RAM)
ramadan: Ramadan
ramen: ramen
rap: rap
rapsolja: rapeseed oil
ratt: steering wheel
receptionist: receptionist
redan: already
reggae: reggae
region: region
regissör: director
regn: rain
regnbåge: rainbow
regnig: rainy
regnrock: raincoat
regnskog: rainforest
reklam: advertisement
rektangel: rectangle
relativitetsteori: theory of relativity
ren: clean
reningsverk: sewage plant
reporter: reporter
Republiken Kongo: Republic of the Congo
resebyråagent: travel agent
reservation: reservation
respirator: respiratory machine
restaurang: restaurant
resultat: result
revben: rib
rhenium: rhenium

rik: rich
ring: ring
ringfinger: ring finger
ringklocka: bell
ris: rice
riskokare: rice cooker
rivjärn: grater
robot: robot
rock: coat
rock 'n' roll: rock 'n' roll
rodd: rowing
roddbåt: rowing boat
rodel: luge
rodium: rhodium
rolig: funny
rom: rum
roman: novel
romb: rhombus
rondell: roundabout
ros: rose
rosa: pink
rosmarin: rosemary
rot: root
router: router
rubidium: rubidium
rubin: ruby
rubrik: heading
rugby: rugby
ruin: ruin
rullgardin: blind
rullningslist: scrollbar
rullskridskoåkning: roller skating
rullstol: wheelchair
rumba: rumba
rumpa: bottom
rumservice: room service
rumsnummer: room number
rumsnyckel: room key
Rumänien: Romania
rund: round
rusningstrafik: rush hour
russin: raisin
rutenium: ruthenium
rutherfordium: rutherfordium
rutschkana: slide
Rwanda: Rwanda
rygg: back
ryggmärg: spinal cord
ryggrad: spine
ryggsäck: backpack
rymddräkt: space suit
rymdfärja: space shuttle
rymdstation: space station
rynka: wrinkle
Ryssland: Russia
rytmisk gymnastik: rhythmic gymnastics
rädisa: radish
räkning: bill

ränta: interest
rätt: correct
rättvis: fair
rät vinkel: right angle
räv: fox
rå: raw
rådjur: deer
råtta: rat
röd: red
Röda havet: Red Sea
rödhårig: ginger
röd panda: red panda
röntgenbild: X-ray photograph
röntgenium: roentgenium
rörmokare: plumber
röstmeddelande: voice message
rött vin: red wine

S

sabellilja: gladiolus
sadel: saddle
safir: sapphire
saftig: juicy
Sahara: Sahara
Saint Kitts och Nevis: Saint Kitts and Nevis
Saint Lucia: Saint Lucia
Saint Vincent och Grenadinerna: Saint Vincent and the Grenadines
sake: sake
salami: salami
sallad: salad
Salomonöarna: Solomon Islands
salsa: salsa
salt: salt
samarium: samarium
samba: samba
Samoa: Samoa
sand: sand
sandal: sandals
sandlåda: sandbox
sandstrand: beach
San Marino: San Marino
sardin: sardine
satellit: satellite
Saturnus: Saturn
Saudiarabien: Saudi Arabia
sax: scissors
saxofon: saxophone
scen: stage
schack: chess
schampo: shampoo
Schweiz: Switzerland
science fiction: science fiction
seaborgium: seaborgium
second hand-butik: second-hand shop
sedan: then
sedel: note

segel: sail
segelbåt: sailing boat
segling: sailing
sekatör: loppers
sekreterare: secretary
sekund: second
selen: selenium
selleri: celery
semikolon: semicolon
sena: tendon
senap: mustard
Senegal: Senegal
september: September
Serbien: Serbia
serietidning: comic book
server: server
servitör: waiter
ses sen: see you later
sex: sex
sexig: sexy
Seychellerna: Seychelles
sfär: sphere
shorts: shorts
short track: short track
siden: silk
sidodörr: side door
sidorätt: side dish
sidospegel: wing mirror
Sierra Leone: Sierra Leone
silver: silver
silvermedalj: silver medal
simbassäng: swimming pool
simglasögon: swim goggles
simhopp: diving
simning: swimming
Singapore: Singapore
siren: siren
sittplats: seat
situp: sit-ups
sjuk: sick
sjukhus: hospital
sjuksköterska: nurse
självklart: of course
sjö: lake
sjögräs: seaweed
sjöhäst: sea horse
sjölejon: sea lion
sjöstjärna: starfish
skada: injury
skal: peel
skalbagge: bug
skaldjur: seafood
skalle: skull
skallra: rattle
skalpell: scalpel
skandium: scandium
skanner: scanner
skata: magpie

skateboard: skateboarding
skatt: tax
sked: spoon
skeleton: skeleton
skelett: skeleton
skida: ski
skiddräkt: ski suit
skidort: ski resort
skidskytte: biathlon
skidstav: ski pole
skidåkning: skiing
skilsmässa: divorce
skinka: ham
skivspelare: record player
skivstång: barbell
skjorta: shirt
skjul: shed
skog: forest
skola: school
skolbuss: school bus
skolbänk: desk
skolgård: schoolyard
skoluniform: school uniform
skolväska: schoolbag
skorpion: scorpion
skorsten: chimney
skoskåp: shoe cabinet
skosnöre: lace
skoter: motor scooter
skottkärra: wheelbarrow
skrattgrop: dimple
skridsko: skates
skridskolöpning: speed skating
skridskoåkning: ice skating
skrivare: printer
skrivbord: desk
skrivplatta: clipboard
skruvmejsel: screwdriver
skruvnyckel: screw wrench
skräckfilm: horror movie
skräddare: tailor
skulderblad: shoulder blade
skulptering: sculpting
skyddsglasögon: safety glasses
skyffel: shovel
skyldig: guilty
skyltdocka: mannequin
skyskrapa: skyscraper
skytte: shooting
skägg: beard
skämt: joke
skärbräda: chopping board
skärm: screen
skådespelare: actor
skål: cheers
skåp: cupboard
sköldpadda: tortoise
skördetröska: combine harvester

skötsam: well-behaved
slagträ: bat
slaktare: butcher
slappna av: relax
slips: tie
slott: castle
Slovakien: Slovakia
Slovenien: Slovenia
sluttning: slope
släde: sledge
släggkastning: hammer throw
släp: trailer
smal: slim
smart: clever
smarttelefon: smartphone
smekmånad: honeymoon
smoothie: smoothie
SMS: text message
smutsig: dirty
smärtstillande medel: painkiller
smör: butter
smörblomma: buttercup
smörgås: sandwich
snabb: quick
snabbnudel: instant noodles
snickare: carpenter
snigel: snail
snooker: snooker
snookerbord: snooker table
snowboardåkning: snowboarding
snäckskal: shell
snö: snow
snöskoter: snowmobile
sociala medier: social media
socka: sock
socker: sugar
sockerbeta: sugar beet
sockermelon: sugar melon
sockerrör: sugar cane
sockervadd: candy floss
sodavatten: soda
soffa: sofa
soffbord: coffee table
soja: soy
sojamjölk: soy milk
sol: sun
solbränna: sunburn
soldat: soldier
solförmörkelse: solar eclipse
solglasögon: sunglasses
solhatt: sun hat
solig: sunny
solpanel: solar panel
solros: sunflower
solrosolja: sunflower oil
solsken: sunshine
solskyddsmedel: sunscreen
solstol: deck chair

Somalia: Somalia
sommar: summer
son: son
sondotter/dotterdotter: granddaughter
sonson/dotterson: grandson
soppa: soup
soppslev: ladle
souvenir: souvenir
sovmask: sleeping mask
sovrum: bedroom
sovsal: dorm room
sovsäck: sleeping bag
spackelspade: putty
spaghetti: spaghetti
Spanien: Spain
spanska: Spanish
spegel: mirror
spelar ingen roll: doesn't matter
spenat: spinach
sperma: sperm
spik: nail
spindel: spider
spis: cooker
spisfläkt: cooker hood
spjutkastning: javelin throw
sport-bh: jogging bra
sportaffär: sports shop
spray: spray
spruta: syringe
späckhuggare: killer whale
spädbarn: infant
spårvagn: tram
Sri Lanka: Sri Lanka
stadshus: town hall
staket: fence
stark: hot
stat: state
stativ: tripod
stavhopp: pole vault
stege: ladder
stekpanna: pan
stekt korv: fried sausage
stekt nudel: fried noodles
stekt ris: fried rice
sten: rock
stetoskop: stethoscope
stickkontakt: plug
stilig: handsome
stilla: quiet
Stilla havet: Pacific Ocean
stipendium: scholarship
stjälk: stalk
stjärna: star
stol: chair
stolt: proud
stor: big
storasyster: big sister
Storbritannien: United Kingdom

storebror: big brother
stork: stork
storm: storm
stormarknad: supermarket
strand: shore
streckkod: bar code
streckkodsläsare: bar code scanner
stress: stress
stretching: stretching
strikt: strict
stringtrosa: thong
stroke: stroke
strontium: strontium
strumpa: stocking
strumpbyxa: pantyhose
struts: ostrich
strykbräda: ironing table
strykjärn: electric iron
strösocker: granulated sugar
stum: mute
stygn: suture
styvdotter: stepdaughter
styvfar: stepfather
styvmor: stepmother
styvson: stepson
städare: cleaner
stämpel: rubber stamp
stål: steel
stålbalk: steel beam
stötdämpare: shock absorber
stötfångare: bumper
subtraktion: subtraction
Sudan: Sudan
suddgummi: rubber
Sudoku: Sudoku
sula: sole
sur: sour
surfing: surfing
surfingbräda: surfboard
surikat: meerkat
Surinam: Suriname
sushi: sushi
svag: weak
svamp: mushroom
svan: swan
svarande: defendant
svart: black
Svarta havet: Black Sea
svarta tavlan: blackboard
svart hål: black hole
svart te: black tea
svavel: sulphur
Sverige: Sweden
svettband: sweatband
svägerska: sister-in-law
sväng höger: turn right
sväng vänster: turn left
svärdotter: daughter-in-law

svärfar: father-in-law
svärförälder: parents-in-law
svärmor: mother-in-law
svärson: son-in-law
svåger: brother-in-law
svår: difficult
Swaziland: Swaziland
syd: south
Sydafrika: South Africa
Sydkorea: South Korea
Sydpolen: South Pole
Sydsudan: South Sudan
sylt: jam
symaskin: sewing machine
symfoni: symphony
synagoga: synagogue
syre: oxygen
Syrien: Syria
syrsa: cricket
syskon: siblings
systerdotter/brorsdotter: niece
systerson/brorson: nephew
São Tomé och Príncipe: São Tomé and Príncipe
säker: safe
säkerhetsvakt: security guard
säl: seal
säng: bed
sänglampa: bedside lamp
såg: saw
sångare: singer
sångtext: lyrics
sår: wound
södra halvklotet: southern hemisphere
sömntablett: sleeping pill
söndag: Sunday
söt: cute
sötpotatis: sweet potato

T

T-shirt: T-shirt
tablett: pill
tack: thank you
Tadzjikistan: Tajikistan
taekwondo: taekwondo
ta hand om dig: take care
Taiwan: Taiwan
tak: ceiling
taktegel: roof tile
tall: pine
tallium: thallium
tallrik: plate
tamburin: tambourine
tampong: tampon
tand: tooth
tandborste: toothbrush
tandemcykel: tandem

tandfyllning: dental filling
tandkräm: toothpaste
tandläkare: dentist
tandprotes: dental prostheses
tandställning: dental brace
tandvärk: toothache
tangent: tangent
tangentbord: keyboard
tango: tango
tantal: tantalum
Tanzania: Tanzania
tapir: tapir
tarm: intestine
tatuering: tattoo
tavelram: picture frame
tavla: picture
taxi: taxi
taxichaufför: taxi driver
Tchad: Chad
te: tea
teater: theatre
tecken: character
tecknat: cartoon
teckning: drawing
tegelsten: brick
tejp: adhesive tape
tekanna: teapot
teknetium: technetium
telefon: telephone
telefonnummer: telephone number
teleskop: telescope
tellur: tellurium
tempel: temple
temperatur: temperature
tenn: tin
tennis: tennis
tennisbana: tennis court
tennisboll: tennis ball
tennisracket: tennis racket
tequila: tequila
terbium: terbium
termin: term
termit: termite
termos: thermos jug
terrass: terrace
territorium: territory
testamente: testament
testikel: testicle
tetris: Tetris
text: text
Thailand: Thailand
thanksgiving: Thanksgiving
thriller: thriller
tidning: newspaper
tidskrift: magazine
tidtabell: timetable
tidtagarur: stopwatch
tiger: tiger

tillsammans: together
timjan: thyme
timme: hour
tinning: temple
tioarmad bläckfisk: squid
tiodans: Ballroom dance
tisdag: Tuesday
titan: titanium
Tjeckien: Czech Republic
tjocktarm: colon
tjur: bull
tjuv: thief
tjära: tar
toalett: toilet
toalettborste: toilet brush
toalettpapper: toilet paper
tobak: tobacco
toffla: slippers
tofu: tofu
Togo: Togo
tolvfingertarm: duodenum
tom: empty
tomat: tomato
ton: ton
tonfisk: tuna
Tonga: Tonga
torg: square
torium: thorium
torkad frukt: dried fruit
tornado: tornado
torr: dry
torsdag: Thursday
trafikljus: traffic light
trafikstockning: traffic jam
traktor: tractor
trampolin: trampoline
tranbär: cranberry
trappa: stairs
tratt: funnel
tredje: third
tresteg: triple jump
triangel: triangle
triathlon: triathlon
trilling: triplets
Trinidad och Tobago: Trinidad and Tobago
trollslända: dragonfly
trombon: trombone
tropikerna: tropics
trosa: panties
trosskydd: panty liner
trottoar: pavement
trumma: drums
trumpet: trumpet
tryffel: truffle
träbalk: wooden beam
träd: tree
trädgård: garden
trädgårdsmästare: gardener

trädstam: trunk
träkoja: tree house
tränare: coach
träningsoverall: tracksuit
träningssko: trainers
träslev: wooden spoon
träsnideri: woodwork
tråd: wire
tråkig: boring
tröja: sweater
trött: tired
tuba: tuba
tuggummi: chewing gum
tulium: thulium
tull: customs
tulpan: tulip
tum: inch
tumme: thumb
tung: heavy
tunga: tongue
Tunisien: Tunisia
tunnel: underpass
tunnelbana: subway
tunntarm: small intestine
turistattraktion: tourist attraction
turistguide: tourist guide
turistinformation: tourist information
Turkiet: Turkey
Turkmenistan: Turkmenistan
tuta: horn
Tuvalu: Tuvalu
TV: TV
TV-apparat: TV set
TV-serie: TV series
tvilling: twins
tvätt: laundry
tvättbjörn: raccoon
tvättkorg: laundry basket
tvättmaskin: washing machine
tvättmedel: washing powder
tvål: soap
tyfon: typhoon
tyg: fabric
tyngdlyftning: weightlifting
tyska: German
Tyskland: Germany
tyst: silent
täckning: signal
täljare: numerator
tält: tent
tändare: lighter
tändsticka: match
tå: toe
tåg: train
tågförare: train driver
tågräls: railtrack
tårta: cake
törstig: thirsty

U

ubåt: submarine
Uganda: Uganda
uggla: owl
ugn: oven
Ukraina: Ukraine
ukulele: ukulele
ull: wool
ultraljudsmaskin: ultrasound machine
under: below
underkläder: lingerie
understreck: underscore
undertröja: undershirt
ung: young
Ungern: Hungary
ungtupp: cockerel
uniform: uniform
universitet: university
uns: ounce
uppsats: essay
upptagen: busy
uppvärmning: heating
uran: uranium
Uranus: Uranus
urinblåsa: bladder
URL: url
urna: urn
urologi: urology
ursäkta mig: excuse me
Uruguay: Uruguay
USB-sticka: USB stick
utanför: outside
utdelning: dividend
utgångsdatum: expiry date
utropstecken: exclamation mark
utslag: rash
utter: otter
Uzbekistan: Uzbekistan

V

vacker: beautiful
vad: what
Vad heter du?: What's your name?
vagina: vagina
val: whale
valnöt: walnut
valross: walrus
valthorn: French horn
vanadin: vanadium
vandrarhem: hostel
vandring: hiking
vandringssko: hiking boots
vanilj: vanilla
vaniljsocker: vanilla sugar

vaniljsås: custard
Vanuatu: Vanuatu
var: where
vardagsrum: living room
varför: why
varg: wolf
varje: every
varm: warm
varm choklad: hot chocolate
varmkorv: hot dog
varmvattenflaska: hot-water bottle
varningsljus: warning light
Var är toaletten?: Where is the toilet?
vas: vase
vass: reed
Vatikanstaten: Vatican City
vatten: water
vattenfall: waterfall
vattenflaska: water bottle
vattenkanna: water can
vattenkokare: kettle
vattenkraftverk: hydroelectric power station
vattenkran: tap
vattenmelon: water melon
vattenpark: water park
vattenpass: spirit level
vattenpolo: water polo
vattenpost: hydrant
vattenrutschkana: water slide
vattenskidåkning: waterskiing
vattenskoter: jet ski
vattenslang: hose
vattkoppor: chickenpox
vecka: week
vektor: vector
vem: who
ven: vein
Venezuela: Venezuela
Venus: Venus
verkligen: really
verkställande direktör: general manager
vete: wheat
vetenskap: science
veterinär: vet
vi: we
viadukt: overpass
videokamera: camcorder
Vietnam: Vietnam
vigselring: wedding ring
Vi går hem: Let's go home
vilken: which
viltkött: game
vin: wine
vinbär: currant
vind: wind
vindkraftverk: wind farm
vindruta: windscreen
vindrutetorkare: windscreen wiper

vindsurfing: windsurfing
vinge: wing
vinkel: angle
vinst: profit
vinter: winter
Vintergatan: Milky Way
vinäger: vinegar
virus: virus
virveltrumma: snare drum
visitkort: business card
vismut: bismuth
vispgrädde: whipped cream
visum: visa
vit: white
vitamin: vitamin
vitlök: garlic
Vitryssland: Belarus
vittne: witness
vitt vin: white wine
vodka: vodka
volfram: tungsten
volleyboll: volleyball
volt: volt
volym: volume
vridande: twisting
vrist: ankle
vulkan: volcano
vykort: postcard
väckarklocka: alarm clock
väg: road
vägg: wall
vägkorsning: intersection
vägtull: toll
väldigt: very
välkommen: welcome
vän: friend
vänlig: friendly
vänster: left
väntrum: waiting room
världsrekord: world record
värmeelement: radiator
väst: west
västernfilm: western film
väte: hydrogen
vätska: fluid
växelspak: gear lever
växthus: greenhouse
våffla: waffle
våg: scale
våningssäng: bunk bed
vår: spring
vårlök: spring onion
vårrulle: spring roll
vårt hem: our home
våtdräkt: wetsuit

W

walkie-talkie: walkie-talkie
watt: watt
webbkamera: webcam
webbläsare: browser
webbsida: website
whisky: whiskey
wienervals: Viennese waltz

X

xenon: xenon
xylofon: xylophone

Y

yacht: yacht
yard: yard
yen: yen
yoga: yoga
yoghurt: yoghurt
yrkesutbildning: vocational training
ytterbium: ytterbium
ytterdörr: front door
yttrium: yttrium
yuan: yuan
yxa: axe

Z

Zambia: Zambia
zebra: zebra
Zimbabwe: Zimbabwe
zink: zinc
zirkonium: zirconium
zucchini: courgette

@

Älskar du mig?: Do you love me?
Är du ok?: Are you ok?
Österrike: Austria
Östtimor: East Timor
ägg: egg
äggcell: ovum
äggledare: oviduct
äggröra: scrambled eggs
äggstock: ovary
äggula: yolk
äggvita: egg white
älg: elk

ängel: angel
änka: widow
änkling: widower
äppeljuice: apple juice
äppelpaj: apple pie
äpple: apple
är du snäll: please
ärm: sleeve
ärta: pea
ätpinne: chopstick
även om: although
åklagare: prosecutor
ånglok: steam train
ångvält: road roller
år: year
århundrade: century
årtionde: decade
årtusende: millennium
åska: thunder
åskväder: thunderstorm
åsna: donkey
åttaarmad bläckfisk: octopus
ö: island
ödla: lizard
öga: eye
ögonbryn: eyebrow
ögonbrynspenna: eyebrow pencil
ögonfrans: eyelashes
ögonskugga: eye shadow
öken: desert
öl: beer
öppenvård: outpatient
öra: ear
örhänge: earring
örn: eagle
öronpropp: earplug
öst: east
övergångsställe: pedestrian crossing
övermorgon: the day after tomorrow
överraskad: surprised
översvämning: flood
övervakningskamera: security camera

Printed in Great Britain
by Amazon